마지막 도넛은
먹지 마라

클라이언트를 움직이는 비즈니스 에티켓

마지막 도넛은 먹지 마라

클라이언트를 움직이는 비즈니스 에티켓

주디스 바우먼 지음 ㅣ 김인석 옮김

꿈엔비즈

주디스 바우먼은 사교에서부터 비즈니스 교류에 이르기까지 현대인에게 꼭 필요한, 명확한 가이드 라인을 집필했다. 자신에 대한 자각과 감성적인 지성을 깨우며, 최고의 경쟁력을 배양하고자 하는 비즈니스맨들에게 꼭 필요한 Step by Step의 가이드를 제시한다.

_매튜 파워, AIG 위기관리컨설팅사 대표

『마지막 도넛은 먹지 마라』는 사람들에게 자기 자신에 관한 긍정적이고 좋은 느낌을 주기 위해서는 어떻게 해야하는지에 대한 훌륭하고 눈에 띄는 조언들로 가득 차 있다. 요즘 같이 빠른 변화 그리고 하이테크 비즈니스 세상에서 살아가는 사람이라면 꼭 알아야 하는 에티켓의 내용으로 경쟁력을 제공하고 있다.

_빌 케터, 커뮤니티 뉴스 홀딩사 부사장

이 책은 21세기를 살고 있는 직장인이라면 누구에게나 필요한 필수적인 안내서이다.

_마이클 니티, 앤써니 로빈스사 부사장 겸 비즈니스 컨설턴트

당신이 훌륭하고 오랫동안 지속되는 인상을 남기고자 한다면, 『마지막 도넛은 먹지 마라』를 통해 사교와 업무환경에서 필요한 멋지고 다양한 조언들을 알아둘 필요가 있다. 구체적인 사례들과 함께, 저자 주디스 바우먼은 성공적인 관계를 만들기 위해 자신을 어떻게 드러내고 처신하는가에 대한 요소들을 상기시키고 있다.

_스티브 밧자, 리버티 뮤츄얼그룹 부사장

완벽한 비즈니스 예절이란 당신이 알지 못하거나 좋아하지 않는 사람들과 잘 지내는 것 이상을 의미한다. 바우먼은 특히 사업상 관계에 있어서 다른 사람들을 품위와 존경을 담아 대하는 것이 많은 이익을 가져다 준다는 것을 보여주고 있다. 그것은 어쨌든 당신과 관계된 문제는 아니다. 그것은 그들과 관계된 것이다. 다른 사람들을 더 편안하게(다시 말하면 협조적으로) 만드는 데는 거의 아무것도 들지 않는 반면, 그것은 너무나 많은 것을 의미한다.

_존 후버, 뉴욕타임즈 선정 베스트셀러 『어떻게 바보를 위해 일할 것인가』 저자

바우먼의 주제들 대부분은 과거에는 집에서 가르쳐지던 것들이다. 이제는 더 이상 그렇지 않게 되었지만, 다행스럽게도 이 책은 독자들에게 삶을 바르고 성공적이고 전문적으로 헤쳐나가도록 도와줄 것이다. 뉘앙스야말로 당신 경력의 도구상자 속에서도 매우 강력한 도구이다.

_리차드 드 아가지오, 보스턴 캐피탈 시큐리티 회장

주디스 바우먼은 예절과 스타일 이상에 관한 책을 썼다. 그녀는 (사소하게 보이지만) 성공적인 사업 관계와 실패한 관계 사이의 차이를 만들 수 있는 모든 전환점들을 밝혔다. 이 책이 10년 전에 있었더라면……. 내가 무언가를 배우지 않은 페이지는 단 한 페이지도 없었다. 아무도 이 책 없이 비즈니스 세계에 들어서선 안된다.

_스티브 챈들러, 베스트셀러 『손 떼는 관리자,
그리고 타인을 움직이는 100가지 방법』 저자

마지막 도넛을 먹지 말라는 것은 오늘날의 비즈니스 세계에서 효율적인 인간관계를 만들려는 사람들 – 즉 거의 모든 사람 – 에게 본질적인 지침이다. 바우먼의 충고는 날카롭고, 초점이 잘 맞춰져 있고, 실행하기 쉬우며, 소매만 걷어올리면 될 정도로 실용적이다. 그녀의 책은 사업을 막 시작하고 비즈니스 예절에 관한 '어떻게'를 필요로 하는 사람들뿐만 아니라 한동안 사업을 해 왔고 더 잘 알아야 하는 사람들도 필수적으로 읽어야 하는 것이다. 이것은 바우먼의 충고를 따르는 사람들에게는 금광과도 같은 것이다.

_필립 칼리에리, 메사추세츠주립대학 경영대학 학장

옮긴이 서문

한국에서 〈국제매너아카데미〉를 개설하고 비즈니스 교육컨설팅 일을 시작한 지 8년이 된다. 당시에는 비즈니스 에티켓이란 단어가 대부분의 한국인에게 낯설게 여겨졌다. 그리고 여전히 우리는 에티켓이나 매너를 '격식'이나 '예절' 같이 틀에 박힌 형식이라 생각한다. 하지만 역자는 매너나 에티켓이란 단어를 그렇게 협의의 개념으로 해석하지 않는다. 매너란 '방법'이다.

여자의 나체를 모티브로 한 넥타이를 매는 사람은 예의가 없다고 여겨질 것이다. 하지만 그러한 넥타이와 어울리는 수트와 바지를 적절하게 코디를 하고 행위예술을 하는 사람을 만난다면 전혀 문제가 되지 않는다. 이렇듯 매너란 시간, 장소, 경우에 따라 다르게, 그리고 적절하게 말하고 행동하는 '방식'을 얘기한다.

미국이나 유럽과는 달리 한국에서의 비즈니스 매너 교육은 어려움이 많다. 학교에서 배우게 되는 매너 교육은 기계적인 점수 습득 과정일 뿐이다. 드문 경우이긴 하지만 부모님의 열의 또는 열린 생각으로 자녀를 매너 스쿨에 보낸다 하더라도 다른 과목들에 추가하여 구색을 맞추고자 하는 의도가 대부분이다.

현실이 이렇다 보니 직장생활에 필요한 비즈니스 에티켓은 회사 동료나 선배를 통해 배우는 것쯤으로 여긴다. 아니면 스스로 부딪치고 깨지면서 습득하는 것이라 생각한다. 대부분의 사람들이 그렇게 하고 있고, 또 그것이 딱히 틀렸다고 말하기도 어려운 것이 사실이다. 하지만 그렇게 몸으로 부딪히며 익히는 비즈니스 매너의 대가는 상당히 비쌀 수도 있음을 알아야 한다.

'달리기'는 아주 평범하고 일상적인 운동이다. 누구나 달리기를 하지만 그것을 체계적으로 배우거나 공부하지는 않는다. 그렇다면 달리기는 그냥 하면 되는 운동인가? 달리기의 프로들은 어떻게 하고 있을까?

달리기라는 똑같은 운동이지만, 100미터를 달리는 단거리 선수와 10킬로미터 이상을 달리는 장거리 선수는 전혀 다른 운동 기능을 가지고 있다. 단거리 선수가 마라톤 선수처럼 머리를 세우고 달리거나 호흡을 여러 번 해서는 잘 달릴 수가 없다. 반대로 마라톤 선수는 한 번에 온몸의 힘을 집중하는 게 아니라 지속적으로 힘을 안배하되 규칙적인 호흡과 보폭을 유지해야 한다. 그래서 단거리 선수와 장거리 선수는 신체 구조, 근육, 심폐기능 등 많은 부분이 다르게 발달하게 되는 것이다.

달리기는 쉽다. 누구나 아는 운동이고, 어떻게 달려도 '달려' 지게 된다. 그러나 달리기를 알고 하는 것과 모르고 하는 것은 천지 차이이다.

비즈니스 에티켓도 마찬가지다. 부딪치면서 배우는 것은 그만큼의 시간과 고객을 잃는 것이요, 선배나 동료를 통해 배우는 것은 체계를 갖추기 어렵다는 심각한 단점을 가진다. 비즈니스의 성패는 업무 내에서만 결정되는 것이 아니다. 고객은 판매자의, 사업 파트너의 작은 손길, 눈빛, 행동거지 하나에서도 감동할 수 있고, 반대로 실망할 수도 있다. 비즈니스 에티켓이 중요한 이유이다.

책의 저자인 주디스 바우먼은 비즈니스 에티켓에 관한, 다시 말해 비즈니스에서 성공하기 위한 작은 습관들을 세세하고도 친절하게 설명하고 있다. 그가 드는 작은 사례조차도 짚고 넘어가야할 만큼 큰 차이를 만드는 과정이라고 생각한다.

비즈니스 에티켓에는 아주 많은 부분이 있다. 문화에 따라 달라질 수 있고, 상대에 따라, 조건과 상황에 따라 달라질 수 있다. 그러나 기본적인 것은 언제나 있는 것이다. 그동안의 경험을 통해 역자가 강조하고자 하는 핵심은 세 가지이다.

첫째, 시간 투자를 필요로 하는 사전 준비이다. 레스토랑에 도착해 "두 사람 자리 있습니까?"라고 묻는 사람과 "누구 이름으로 두 사람 예약이 됐습니다"라고 말하는 사람이 있다면, 누구에게 더 신뢰감을 가지겠는가? 그 당연한 대답을 우리는 종종 비즈니스 현장에서 놓치곤 한다. 세기의 테너 파바로티가 한국에서 공연을 할 때였다. 공연 기획자가 파바로티의 30살 연하 애인에게 음악 CD를 선물했다. 젊은 애인이 좋아하는 음악을 미리 준비한 것이다. 물론, 공연과 다음 관계에까지 아주 긍정적인 결과를 가져왔다. 이 일화는 '작은 준비'가 '큰 결과'로 이어진 사례다.

둘째, 눈높이를 파트너에게 맞추는 것이다. 비즈니스 상대방이 대단한 회사의 CEO라 해도 그가 와인보다 소주를 좋아하는 사람이라면, 그에게 맞는 자리를 준비해야 한다. 이런 파트너를 와인 바에 안내한 후 와인의 빈티지가 어떻느니 설명을 늘어놓는다면 상대방은 지뢰밭을 걷는 기분이 들 것이다. 이때는 현학적인 와인 랭귀지를 표현하기보다는 소주를 나눌 수 있는 인간적이고 소탈한 모습이 훨씬 효과적일 수 있다. 모든 규칙은 조건과 상황에 따라 변하는 것이므로.

셋째, 줏대 있게 매너를 보여야 한다. 특별한 목적을 염두에 두고 행하는 매너는 얼마 가지 못해 들통나게 된다. 일시적으로 '세팅' 된 매너는 금방 바닥을 드러내기 때문이다. 레스토랑에서 파트너를 앞에 두고 보이는 쿨한 테이블 매너도 중요하지만 접시를 나르는 직원에게도 같은 방법으로 일관된 매너를 보여야 한다. 얼마 전에 발행된 미국의 일간지 'USA Today'에서 한 CEO는 "나에게만 적절한 매너를 보이고 서비스 직원들을 함부로 대하는 사람과는 비즈니스를 하지 마라"라는 규칙을 만들어 발표한 적이 있다. 사람들은 당신이 입고 있는 수트가 100수인지 130수인지는 구분을 잘 못해도 당신의 젠틀하고 우아한 매너가 일시적으로 세팅된 것인지 몸에 밴 것인지는 정확히 안다.

주디스 바우먼의 『마지막 도넛은 먹지 마라』를 번역하면서 역자는 비즈니스 에티켓에 관한 아주 작고 쉬운, 그러면서도 아주 중요하고 체계적인 교과서란 느낌을 받았다. 비즈니스 현장은 말 그대로 전쟁터다. 총성 없는 전쟁에 뛰어든 직장인들이 작은 차이로 자신의 열정을 내보이고, 가장 기본적인 자리에서부터 감동을 이끌어 내는 성공인이 되었으면 하는 바람이다.

김인석

Contents

추천사
옮긴이 서문

Chapter 1

Little Things
작은 차이가 큰 변화를 만든다

사람들은 종종 단 2%가 부족해서 실패했다고 말한다.
그러나 비즈니스에서 그 작은 2%는
결국은 100%인 셈이다.

두 명의 컨설턴트가 돈이 될만한 잠재 고객과 경쟁하고 있었다. 최종 결정을 하기 전 고객은 두 명의 컨설턴트와 각자 따로 식사를 제안했다.

후보 컨설턴트인 A는 청바지에 밤색 술이 달린 캐주얼 신발과 양말을 신고, 넥타이를 매지 않은 콤비 양복을 입고 식당에 나타났다. 물론 고객은 양복 정장에 타이 차림이었다. 컨설턴트 A는 식사 도중 업무에 관련된 대화를 진행했고, 대부분 미팅과 프리젠테이션 도중에 나누었던 내용을 점검하고 확인했다.

후보 컨설턴트 B는 고객보다 더 깔끔한 양복을 입고 나타났다. 그는 고객과의 식사가 신뢰를 쌓을 수 있고 인간적인 관계를 증진시킬 수 있는 기회로 생각했다. 그런 생각을 한 후 고객과 진행하는 식사와 관련된 많은 것들을 준비했다. 고객이 가장 즐겨 찾는 레스토랑을 예약했고, 레스토랑에는 고객보다 일찍 도착했다. 테이블은 별실로 준비를 시켰고, 자리는 웨이터의 도움을 받아 가장 좋은 자리를 고객 자리로 배정했다. 특별히 웨이터의 이름을 물어본 후 기억해 두었고, 화장실 위치를 알아 두었고, 계산서는 고객이 있는 테이블로 청구되지 않도록 사전에 주의를 기울였다.

입구에 대기하고 있던 그는 고객을 자리로 안내해 먼저 앉게 한 후 자리에 앉았다. 메뉴는 자기 입맛에는 별로였지만 고객이 좋아하는 것으로 주문했다. 대화는 고객이 가족과 한 최근의 여행, 여름휴가에 관한 얘기 그리고 고객의 양복 깃에 꽂혀있던 뱃지에 관한 주제를 주로 이야기했다. 가벼운 정치 얘기도 포함됐다. 업무에 관한 대화는 자신의 전문성을 알릴 수 있는 정도와 그런 전문성이 고객을 도울 수 있을 것이라는 느낌이 들 정도로만 얘기했다.

점심 식사 후 사무실로 돌아온 컨설턴트 B는 감사의 편지를 썼다. 양질의 만년필과 편지지를 이용했다. 시간을 할애하여 점심을 같이 하게 된 것을 감사히 생각하며 꼭 같이 일할 수 있는 기회가 오기를 바란다는 희망을 언급했다.

다른 조건이 모두 같다면 누가 최종 사업자로 선정될까? 물론 B가 선정될 것이다. 왜 B인가? 후보 B는 작은 차이를 작게 보지 않았다. B는 뉘앙스를 통하여 자기 자신을 부각시켰고 잠재고객을 가치 있고 특별하게 만드는 느낌을 전달했다. 이러한 작은 차이를 통해 경쟁자와 차별화된 자신을 부각시키고 고객과의 관계를, 신뢰에 바탕한 관계로 발전시키고자 노력한 것이다.

뉘앙스는 비즈니스에서 강력한 무기의 역할을 한다. 물론 작은 뉘앙스가 실제 비즈니스 최종 결정 과정에서 큰 역할을 하지 않을 수 있다. 상대방의 비즈니스 매너가 뛰어나기 때문에 사업 결정을 하는 비즈니스맨은 없기 때문이다. 하지만 위의 사례는 비즈니스에서 작은 뉘앙스가 종종 사업 결정 과정에서 무시하기 어려울 만큼의 역할을 할 수 있음을 서술하고 있다.

뉘앙스는 큰 자기를 표현하는 작은 전략이다. 시간과 노력을 투자하여 성가시고 작은 것들을 실행하는 것이다. 뉘앙스란 진정한 관심과 존경을 표하는 것이며 수혜자는 그것을 알아내고 감사한다. 그렇다면 왜 우리는 시간을 투자하고, 노력을 기울이며, 성가신 것을 감수하고, 배우고 실행하는 것일까? 정답은 "맞아, 이 사람이야, 이렇게 꼼꼼하며 주의 깊고 작은 것에 관심을 기울이는 사람과 사업을 해야지"라는 생각을 갖게 하는 것이다. 사업은 아무리 작은 것도 작은 것이 없다. 사업에서 작아 보이는 것은 결코 중요하지 않은 것이 아니다. 사람들은 종종 단 2%가 부족해서 실패했다고 말한다. 그러나 비즈니스에서 그 작은 2%는 결국은 100%인 셈이다.

비즈니스 에티켓은 단지 독특하게 예절을 표현하는 방법만이 아니다. 비즈니스 매너란 존경을 표하고, 상대방에게 자신감을 갖게 하며, 신뢰를 통해 관계를 발전시키고, 동기를 부여하게 한다. 비즈니스를 진행하는 과정에서 가장 중요한 중심 능력 중 하나인 것이다. 천만 다행이게도 이러한 작은 차이들을 실행하는 것은 생각보다 어렵지 않다는 것이다.

나는 이런 작은 차이를 실천하는데 C로 시작되는 4개의 표현을 사용한다. Confidence(자신감), Control(제어), Contribution(참여), Connection(결합). 이 방법은 조금만 관심을 갖고 노력한다면 자연스럽게 자신의 한 부분이 될 수 있다. 긍정적이고 진실된 에너지와 결합한 당신의 태도, 바디랭귀지, 시선처리 등은 당신을 전문성을 갖춘 사람으로 차별화시킬 수 있다.

자신감(Confidence)

먼저 자기 자신에 내재해 있는 자신감(Confidence)부터 시작하자. 자신감은 긍정적인 에너지, 마음가짐과 태도에서 나온다. 누구든 객기 있는 자신감을 보일 수 있다. 하지만 진정한 자신감은 성실한 노력없이는 만들어지지 않는다. 업무 파트너들이 당신의 자신감이 순수하고 진실되며 신뢰가 간다고 느낄 수 있어야 한다. 당신의 행동이 진실되지 않을 때는, 그러한 노력은 인위적이고 가식적이며 부자연스러워진다. 당연히 관계는 더 이상 지속되기 힘들다.

반면에 사전 연습과 노력이 뒤따르면 자신감 있는 처신이 가능하며, 그것이 쌓이고 쌓여 나 자신의 한 부분, 즉 스타일로서 자리

잡는다. 한 개인이 발산하는 분위기는 미래의 고객과 좋은 관계를 유지시키기도 하며 발목을 잡기도 한다. 자신감을 표출하거나 그렇지 않는 것은 궁극적으로 면접을, 업무 미팅을, 사람과의 관계를 또는 사업을 성사시키기도 하며 좌절하게 만들기도 한다.

긍정의 에너지와 자신감 그리고 스스로를 향한 절제는 성공적인 비즈니스 관계를 만들기 위한 첫 번째 대면에서부터 시작된다. 필자는 많은 기업체 강의를 한다. 강의의 시작은 대부분 이런 식의 인사이다.

"안녕하세요 여러분. 만나 뵙게 돼서 반갑습니다. 저는 국제에티켓스쿨의 대표 주디스 바우먼입니다. 국제에티켓스쿨은 비즈니스에서 자신을 한층 차별화시킬 수 있도록 도움을 주는 매너와 에티켓 전문 교육기관입니다. 오늘 이 자리에 선 것은, 여러분들이 전문가로서의 분위기를 어떻게 연출하고 자신감을 표출하며, 작은 것들을 어떻게 배려하는 것이 여러분을 차별화시킬 수 있는가를 얘기하고자 입니다."

늘 하는 평범한 말이다. 하지만 다음의 경우를 생각해보자. 첫 번째는 무표정한 표정과 둔탁한 눈초리, 조용한 목소리로 이야기를 시작한 경우이다. 이렇게 하면 청중들은 거의 나와 비슷한 표정과 눈동자로 응시를 한다.

두 번째는 목소리와 표정에 자신감과 확신, 그리고 권위와 에너지를 담아 이야기한 경우이다. 강한 에너지를 담아 분명하게 처리된 첫인사는 진지함과 성실, 그리고 나만의 스타일을 담고 있다. 강의의 의지를 담은 단어와 마음에서 나오는 열정과 자신감을 담았다.

두 번째 스타일의 소개는 항상 효과적이다. 청중은 반응을 보이기 시작한다. 강의장에는 긍정적인 긴장과 기대감이 감지된다. 청중들의 얼굴에는 웃음이 보이고, 머리를 끄떡이고, 의자를 바짝 당겨 자세를 고쳐 앉는다. 이제 자연스러운 집중력은 강의 내내 강의장을 채운다.

자신감은 늘 매력적이다. 자신감과 에너지는 사람을 끌리게 만든다. 주변에서 항상 자심감과 긍정의 에너지를 보이는 사람을 볼 때 우리는 자연스럽게 끌리며 기꺼이 그들과 연결되고자 한다. 자신감의 가장 중요한 요소 중 하나는 업무 외에서도 같은 일관성을 유지하는 것이다.

아는 사람이 묻는다.

"안녕하세요? 요즘 어떠세요?"

"아휴~, 애가 좀 아파요." "마누라하고 차 때문에 한바탕 했어요." "요즘 회사가 좀 불안해요."

상대는 당신에게서 느껴지는 하나의 인상을 갖고 헤어진다.

똑같은 질문을 받는다. 상황은 같다. 하지만 대답은 다르다.

"아, 네 좋습니다." "선생님께서는 요즘 어떠십니까?"라고 반응한다.

상대방은 당신에게 다른 느낌을 갖게 된다.

사람들은 어떤 이에게 더 끌릴까? 물론 두 번째 사람이다. 자신감과 긍정의 힘은 사람을 끄는 매력의 요소이기 때문이다. 어떤 형태의 사람 관계라 하더라도 항상 먼저 고려해야 할 요소이다. 재미있게도, 정확히 룰을 알고 긍정적인 에너지를 발산할수록 더욱 자연스럽게 긍정적인 태도가 체질화된다는 것이다. 나는 알고 있다. 고로 나는 적용한다!

자신감과 긍정적 에너지의 발산은 정말 강력하다. 능력 있는 비즈니스맨은 악수를 하는 순간부터 자신감 정도를 측정하는 레이더를 가동시킨다. 당신이 사무실로 들어오는 순간부터 당신의 걸음걸이와 들어오는 자세를, 무엇을 입고 있는지, 정확하게 눈 마주침을 하고 있는지를 알아내기 위한 레이더가 작동된다. 당신이 의자에 앉는 모습과 손은 무엇을 하고 있는지를 감지한다. 이 모든 것들은 당신의 질량을 측정하는데 사용되며 이후에 벌어지는 관계에 영향을 끼친다.

다른 사례를 보자. 과거에 미인대회 입상자였고, 미인대회 지도자였고, 현재는 미인대회 심사위원으로 일하고 있는 내가 이 분야에서 오랜 경력이 있는 한 유명한 심사위원과 대화를 나눈 적이 있다. 나는 미인대회에 출전하는 후보자들을 지도하는 사람이라고 소개했다. 그리고 늘 궁금하게 생각했던, 어떻게 입상자들을 선정하는가에 대해 물어봤다.

"누가 최고인지 어떻게 결정을 하십니까? 미인대회 후보자들을 코치하고 있는데, 다 아름답고, 밝고, 재능이 갖추어진 사람들인데, 어떻게 최종 결정을 하십니까?"

그 신사가 대답했다.

"나는 후보들이 문을 열고 들어와 내 앞에 앉는 순간 이미 누가 입상을 할지를 압니다." 그는 자신감에 대해서, 자신을 표현하고 자신을 드러내는 방법에 대해서 이야기를 하고 있는 것이다.

심사위원의 말은 큰 가르침이 되었다. 기억하라. 우리는 비즈니스에서 일상에서 끊임없이 심사를 당하고 있다. 이 설익은 첫 번째 평가가, 그리고 첫 번째 관계가 상대방에게 당신의 귀중한 정보를 제공하는 것이다.

통제(Control)

다음 C는 주도권 또는 통제(Control)이다. 나는 종종 누가 먼저 대화를 시도하고, 악수는 누가 청하고, 심지어는 어디 앉아야 하는지에 관한 질문을 받는다. 많은 사람들이 나이, 직위, 성별에 따라야 한다고 생각하기도 한다. 하지만 실제 비즈니스에서 이런 사항들은 별로 중요하지 않다. 핵심은 자기 통제와 절제이다.

먼저 주도권을 갖는 사람은 미팅 중 시종일관 주도권을 유지할 수 있고 자리배치, 미팅의 주제, 질문과 답변, 심지어는 미팅의 궁극적인 목적까지를 통제할 수 있다. 당신이 주도권을 가져야 하는 이유이다.

주도권은 집중이다. 주도권은 목표를 세우고 원하는 결과를 얻기 위해 필요한 구조물이다. 현재 진행되는 비즈니스의 룰을 이해하고 적당한 에티켓을 보여야 비즈니스 주도권을 유지할 수 있다. 이런 것들을 달성하기 위한 노력은 자신감과 신뢰감을 가져온다.

주도권을 갖는 강력한 방법 중 하나는 어디에 앉는가 하는 자리의 선택이다. 재판정에서 판사가 어디에 앉는가를 생각해보라. 가장 넓고 높은 자리에 위치하고 있다. 원고, 피고 그리고 방청객은 판사를 올려다보고 판사는 재판 진행 중 방청석을 가볍게 내려다본다. 판사의 의자는 항상 들어오고 나가는 이들의 일거수일투족을 통제할 수 있게 출입문을 향하고 있다. 이런 자리배치는 우연한 것이 아니며 작지만 강력한 의미를 갖는다.

비즈니스 상황이라면 어떤 자리가 주도권을 가질 수 있는 자리일까? 재판정의 자리 배치와 마찬가지로 대부분은 입구를 볼 수 있는 자리가 주도권을 가질 수 있는 자리이다. 더 많은 통제권을 가질수록 더욱 강한 신뢰감과 자신감을 얻을 수 있고 목적을 달성할 수 있다. 상대방과의 관계에서 통제권의 획득은 빠를수록 좋다.

미국의 부동산 개발회사인 트럼프사의 여성 CEO이며 〈Apprentice〉에 출연해 유명해진 캐롤린 케펙은 비즈니스에서의 통제권 획득을 유용하게 활용한다. 유명해지기 훨씬 전, 사내에서 유일한 여자이기 때문에 대부분의 남성 동료들이 자신에게 자리를 먼저 선택하게 했다. 그때마다 케펙은 파워를 상징하는 자리인 도널드 트럼프 회장의 오른쪽 옆자리를 선택했다. 나중에 그 자리는 그녀의 자리가 됐다. 당시의 이러한 도식은 도널드 트럼프의 오른팔은 케펙이라는 것으로 인식하게 만드는데 일조를 했다. 순간의 기회를 포착하는 것으로 간단하게 얻어진 결과였다.

기여(Contribution)

세 번째 C는 기여(Contribution)이다. 미팅, 회식, 사교모임 등 어떤 장소에 초대를 받건 당신은 성공적으로 행사가 끝날 수 있게 기여해야 한다. "그냥 한 15분 가서 얼굴 도장이나 찍고 빠져 나오지"라는 태도를 경계하라. 당신은 가장 중요한 기회를 놓치게 된다. 15분 참석해 뷔페 테이블과 바를 바쁘게 벌처럼 왔다 갔다 한다면 무엇인가 기여를 하고, 만남을 갖고, 사교를 하기보다는 술 한잔, 한끼 배를 채우러 왔다는 느낌만을 준다. 어느 누구도 "이 친구 한번 먹여야 되겠어"라고 생각해서 당신을 그곳에 초대하지는 않았을 것이다. 다음과 같은 두 가지 이유 중 하나로 초대받았을 것이다.

누군가 당신에게 얻은 비즈니스에 대한 감사를 표시하기 위해서 또는 당신이 참석해서 행사를 빛내주길 원해서.

자라면서, 나의 부모는 항상 자그마한 것이라도 무엇인가 기여를 하는 사람이 되라고 가르쳤다. 그것이 가족모임이건, 비즈니스이건 기여를 하는 사람이 되라는 것이었다. "많은 것이 주어진 사람은 많은 것을 줄 수 있다"가 우리에게 각인된 중요한 가르침이었다. 저녁 식탁에 앉을 때는 무엇인가 하나라도 이야기 거리를 가져와야 했다. 그날 학교에서 배웠던 것에서부터 사회적인 문제, 또는 읽고 있는 책의 내용 등 주제의 제한은 없었다. 적극적으로 대화법을 익혔고 질문하는 법을 학습함으로써 우리는 어려서부터 가족의 구성원으로서 참여와 기여의 중요성을 알게 됐다. 우리 형제들은 단지 식사하기 위해 식탁에 앉지 않았다. 이러한 사고방식은 성인이 된 후 비즈니스에도 그대로 이어졌다.

누군가에게 초대되었다면, 당신은 모임을 성공적으로 만드는 데 일조해야 한다. 이 작은 뉘앙스는 결국 당신을 다른 사람과 다르게 만든다.

관계(Connection)

마지막 C는 관계(Connection)이다. 효과적인 인간관계를 위해서는 여러 차원에서 주변과의 관계를 유지해야 한다. 사람들과의 긍정적인 관계는 친밀함과 신뢰를 쌓으며, 당신과 비즈니스를 하게끔 고무시킨다. 사람과의 관계 정립을 하는 방법은 다양하다. 카멜레온 같이 상황에 맞게 변화를 주는 태도는 어떤가? 자주 경시되고 있지만 그것이야말로 가장 효율적인 테크닉이다. 이를 미러링(Mirroring), 즉 모방이라 한다. 다른 사람들의 걸음걸이, 사용하는 단어, 억양, 목소리 톤, 행동하는 스타일을 민감하게 살피고 곧바로 이어서 모방하는 것이다. 이는 다른 이들의 스타일을 평가하는 것뿐 아니라 자신의 스타일을 이해하는 방법이기도 하다. 그런 후 서로 충돌하지 않고 조화로운 상황을 유지하기 위해 필요한 상황을 구축한다. 나는 늘 이러한 시도를 한다. 그러한 시도를 통해 나의 행동과 처신을 비교적 성공적으로 정립할 수 있었고, 새로운 고객과 유용한 관계를 성립해 왔다.

한번은 많은 노력을 기울인 끝에, 몇 개의 라디오 방송국을 가지고 있는 고객과 미팅을 잡는데 성공했다. 그가 운영하는 라디오 제작 프로그램에 관심을 보였고 미팅이 순조롭게 진행되길 바랬다. 결국 양자 모두 잘 알고 있는 지인을 통해서 그와 연락이 닿았고 미팅을 하게 되었다.

하지만 미팅을 하는 도중 약간의 벽이 있음을 감지했다. 그는 상당히 거만하게 악수를 했고, 심리적인 장벽을 느끼게 하는 거리를 시종일관 유지했다. 나를 사무실로 안내한 후 자리를 잡고 앉게 했다. 물론 나를 앉게 한 후 그는 맞은편에 자리를 잡고 앉았다. 나는 그가 푹신한 소파에 깊게 파묻혀 기댄 채 팔짱을 끼고, 한쪽 다리를 다른 다리에 올리는 바디랭귀지에 주목했다. 미팅이 본격적으로 시작되기도 전에 우리 사이에는 이미 상당한 장막이 생긴 것이다.

나는 늘 하던 대로 그의 맞은편에 앉아 의자에 기대지 않고 등과 의자의 각도가 V자를 형성할 수 있게 앉았다. 그리고 때때로 상체를 앞으로 당기는 제스처로 대화 내용에 관심이 있다는 것을 암시했다. 미팅에서 정확한 자리 선택과 자세는 비즈니스 에티켓에서 중요하게 고려되는 요소이다. 나는 의자의 삼분의 이 정도만을 차지하고 앉았고, 다리는 모아 적절하게 오른쪽으로 비스듬히 기울였고, 한손은 다른 손의 손목 위로 얹은 채로 무릎 위에 놓았다. 소위 비즈니스 에티켓에서 말하는 완벽한 포즈였다.

문제는 그가 문을 열지 않는다는 것이었다. 그의 폐쇄된 바디랭귀지는 적당한 변화가 필요하다는 것을 느끼게 만들었다. 그렇지 않다면 여전히 장벽은 존재할 것이고 상대방의 비즈니스 호의를 얻기란 힘들어 보였다. "어떻게 이 장벽을 허물고 친밀감을 유지할 수 있을까"를 생각했다. 나는 다음과 같은 명제를 생각했다.

"규칙을 지키는 아름다움은 그 규칙을 언제 깨뜨리느냐 하는 것이다." 룰을 깨뜨렸다. 앉는 자세를 바꾸었다. 그리고 의자 뒤쪽으로 상체를 기댔다. 두 발을 앞으로 내밀었고, 두 손을 내려 양쪽으로 떨어지게 했다. 내가 움직이자 그도 반응했다. 꼬았던 다리를 내려놓고 팔짱을 풀었다. 그는 상체를 앞으로 내밀며 자세를 고쳐 펜을 들었다. 나도 앞으로 향한 자세로 앉아 상대방과 우호적인 친분을 맺고 존경을 표한다는 생각이 들게끔 하며, 메모를 하겠다고 양해를 구했다. 그는 "그렇게 하시지요" 했고 결국 우리의 관계는 호전되기 시작했다. 물론 미팅은 긍정적으로 끝났다.

이 미팅을 성공적으로 끝낸 요소는 무엇이었을까? 친분을 강화하기 위해 바디랭귀지의 Mirroring 방법을 이용해 룰을 언제 깨뜨려야 되는지를 알아챘고, 상대방의 행동 동기를 알고 해석을 한 것이 효과적이었다. 만약에 이러한 작은 노력들을 하지 않았다면 거리를 두고자 했던 상대의 의도를 깨지는 못했을 것이다. 비즈니스에 대한 좋은 생각과 제안들이 결국 쇠귀에 경 읽기로 결론 지어졌을 것이다.

Mirroring이 비즈니스 결과에 어떤 영향을 끼칠 수 있는지 또 다른 사례 하나를 들어보자. 한번은 홍보 담당 직원을 채용하기 위해 지원자와 저녁 식사를 한 적 있다. 이 저녁을 위해서 지원자가 물색한 고급 레스토랑으로 가기 위해 뉴욕까지 출장을 갔다. 이 지원자는 아주 강력한(?) 추천서를 가지고 있었기 때문에 나는 약간 흥분된 상태였다.

하지만 처음 만나는 순간 좋은 느낌을 갖는데 실패했다. 나는 상당히 신경을 쓰고 옷을 입은 것에 반해 지원자는 프로다운 옷차림과는 거리가 먼 아주 편~안한 복장에 화장은 전혀 하지 않은 상태였다. 말은 얼마나 느린지 속으로 그녀의 말을 내가 먼저 마무리를 짓곤 했다. 구직을 하려는 노력, 다시 말해 나의 얼굴 표정, 바디랭귀지, 에너지를 살피거나 배우려는 눈치는 없었고 시종 나를 힘들고 속상하게 만들었다. 두 사람은 부딪혔고, 결국 우리는 좋은 관계를 정립하는데 실패했다. 대화는 한마디도 더 진전되지 않았다.

Mirroring은 전혀 새로운 개념이 아니다. 벤 프랭클린은 비즈니스 파트너들의 행동과 주변 환경을 자기 자신에게 적용시켰던 사람으로 유명하다. 그가 미드웨스트나 필라델피아를 방문할 때는 마견직의 재킷과 챙이 넓은 모자를 쓰곤 했다. 하지만 영국을 방문할 때는 영국의 고상한 사람들이 입는 옷으로 스타일을 Mirroring 했다. 그렇게 함으로써 초대를 한 호스트의 개인적인 스타일과 문화에 대한 섬세한 경의와 드러나지 않는 존경을 표했다. 복장의 작은 뉘앙스를 통해 그가 어디에 있고 누구와 대화를 하고 있는지를 정확히 알고 있다는 메시지를 전달했다. 그는 성공적으로 친분관계를 쌓고 성공적인 네트워크를 만들기 위해 카멜레온 같은 Mirroring을 이해했다.

그리고 남은 이야기

이 네 가지의 C와는 별개로 작은 차이 중 하나는 개인의 스타일이다. 개인의 스타일 자체로는 그다지 의미가 없지만 다른 능력들과 합쳐지면 당신 자신을 비즈니스에서, 사교에서 한 단계 차별화하고 업그레이드 시킬 수 있다. 하지만 이런 작은 차이들이 완벽하게 당신 것으로 체화되기까지는 단계적으로 연습하고 숙달시키려는 노력이 필요하다. 그렇지 않을 때는 부자연스럽고, 인위적인 느낌을 주게 되어 그 반대의 효과가 날 수도 있다. 개인의 스타일을 아는 것은 타인과의 긍정적인 관계정립을 위한 자신감의 표현이며 신뢰감을 고취하는 것이기 때문에, 개인의 스타일은 당신이 입는 옷과는 다른 것이다. 당신을 세상 사람들에게 알리는 처신 자체이다. 당신이 존경하는 주변의 사람들을 둘러보라. 옷 입는 스타일, 걷는 자세, 말하고, 자리에 앉고, 다른 사람을 대하는 방법에 관해 떠올려보라.

작은 차이는 사무실에서 비즈니스가 진행될 때도 중요하다. 다음은 당신이 사무실에서 방문객을 맞을 때 고려해야 할 작은 차이들의 리스트다.

⊙ 방문객이 사무실에 들어온 후에는 당신이 문을 닫을 것
⊙ 미팅 중에 걸려오는 중요한 전화는 다른 사람이 처리하게 하여 전

화 응대는 보류할 것

⊙ 서류업무, 이메일 체크 그리고 다른 업무를 동시에 보는 것에 주의할 것

⊙ 미팅 시작 전 부드러운 대화(Small talks)를 먼저 시작할 것

⊙ 편안한 분위기를 만들기 위해 오는 교통편, 가족에 대한 안부 등 상대방에 관한 관심을 표명할 것

⊙ 사전에 상대방을 통제할 수 있는 자리를 파악하고, 장벽을 만들지 않는 자리에 앉을 것. 잠재적인 비즈니스 파트너로 생각한다면 가급적 맞은편에 앉지 말고 코너와 코너에 앉아 신체적인 거리를 좁힐 것

⊙ 상대방이 무의식중에 하는 바디랭귀지를 인지할 것. 그리고 상대방과의 거리감이 느껴진다면 가급적 Mirroring을 적용하여 적극적인 대처를 할 것

⊙ 상대방의 수준에 맞춰 목소리 톤, 속도, 단어선택, 억양을 조절할 것

⊙ 상대방을 겁줘야 하는 상황이 아니라면 앉거나 섰을 때 상대방과 같은 높이로 눈높이를 맞출 것

⊙ 호스트로서 커피, 생수, 음료 등을 권해 환대를 보일 것. 이 경우 상대방이 프로 비즈니스맨이라면 아마 비스켓, 과자, 빵 등은 부드럽게 사양할 것임

앞에서 말한 '작은 차이'들은 비즈니스 자체에서 중요한 요소로 작용하지 않는다. 하지만 비즈니스에 가미된다면 상대방에 존경을 표시한다는 느낌을 주게 된다. 상대방을 편안하게 만들고 당신이 그토록 긍정적인 관계를 성립하고자 하는 상대방과의 신뢰감을 형성하기 위한 작은 것들이다.

이런 작은 차이들은 비즈니스 파트너의 사무실을 방문했을 때도 똑같이 중요한 역할을 한다. 다음을 잘 살펴보자.

- 먼저 화장실에 들러 당신의 외모와 관련된 모든 사항들을 체크한다
- 비서 또는 안내원에게 명함을 건넨다
- 대기실 또는 안내되는 장소에서 기다리는 동안 서류가방이나 노트북 가방 등은 왼손으로 옮겨 들고 오른손을 비워둔다
- 당신이 아닌 당신의 호스트가 지시하고 안내하는 역할을 하게 한다
- 큰 가방에 많은 것들을 담아 와서 "당신은 많은 사람 중에 하나"라는 느낌을 주지 않게 한다. 자신이 한 모든 사전 준비는 오직 이 미팅만을 위한 것이라는 느낌을 주도록 얇은 가방을 준비한다
- 당신의 호스트가 먼저 앉도록 양보한다. 물론 호스트도 똑같이 의자 권유를 할 것이다. 그때 앉아도 늦지 않다
- 만약 마주보고 앉거나 또는 테이블의 코너와 코너를 두고 앉거나

하는 선택이 주어진다면 각을 두고 앉는 자리를 선택하라. 물론 이 고객과 좋은 관계를 원한다면

⊙ 자리를 내가 선택할 수 있는 상황이라면, 출입문을 바라볼 수 있는 자리에 앉는다. 당신의 오른쪽 자리는 같은 직원 중 가장 직위가 높은 사람을 앉게 배려하고 당신의 맞은편에는 비즈니스 파트너가 앉는다. 그래야만 당신이 주변상황과 미팅을 컨트롤할 수 있다

⊙ 명함은 미팅 전에 교환하고 책상 위에 조심스럽게 올려놓아 필요할 때마다 살짝 살짝 참조한다

⊙ 중간에서 양쪽 참가자들을 알고 있다면, 양측 사람들을 소개하는 과정을 거쳐라

⊙ 회의의 구체적인 의제를 사전에 분명하게 밝혀라

⊙ 단어는 조심스럽게 골라라. 예를 들어, "안녕하세요" 보다는 "안녕하십니까?" "그런가요" 보다는 "그렇게 생각합니다" 같이 비즈니스적이고 적극적인 단어와 표현을 사용한다

'작은 차이'에 관해서 이야기하는 것은 쉽다. 하지만 실제 업무에서 사용하기 위해서는 부단히 연습을 할 필요가 있다. 대화할 때 자신의 목소리가 상대방에게 어떻게 들리는지 알아야 한다. 잘 모른다면, 친구나 가족 중 누군가에게 도움을 얻어 연습하거나 녹음을 해서 들어보면 객관적으로 알 수 있다. 목소리에 긍정적인 에너지와 자신감을 발산해야 한다. 그렇지 않다면 당신의 목소리 톤과 전달하는 방식

은 힘이 없거나 불성실하게 들린다. 마치 초보 마술사의 기교처럼 속이는 모습이 어설프게 보여진다면 환상은 깨지고 방청객은 실망을 하는 정도가 아니라 불쾌해질 수도 있다.

우리에게 알려진 유명한 사람들과 성공한 사람들의 대부분은 이런 기술을 습득하기 위해 많은 노력을 한다. 미국에서 가장 비싼 강사료를 받고 강의하는 빌 클린턴 전 대통령은 오랜 시간 이런 기술을 습득하고자 훈련을 한 인물로 유명하다. 주지사 시절, 그는 연설하는 도중 말을 중얼거려 조롱을 받곤 했다. 하지만 오랜 훈련과 시행착오를 거치면서, 빌 클린턴은 기품있는 연설과 제스처로 청중들을 편안하게 만들 수 있는, 타인과의 관계를 긍정적으로 성립할 수 있는 수준까지 도달할 수 있었다.

오랜 훈련을 통해 세계 정상에 도달할 수 있었던 유명한 사람 중에는 케네디 대통령의 부인 재클린 케네디가 있다. 그녀는 영부인이 된 후뿐만 아니라 어린 시절부터 성인이 될 때까지 '작은 차이' 들을 자신의 스타일로 만들기 위해 아주 정교한 훈련을 받은 사람이다. 다이애나 왕세자비는 왕족으로서 언론에 등장하기 전에 하루 10시간, 일주일에 6일, 총 일년 동안 혹독한 훈련을 받았다. 재클린 케네디와 다이애나 왕세자비는 자기가 속한 직위에 어울리는 우아함과 자신의 스타일을 만들어 나갔던 귀감이 되었다. 이들은 아주 힘들고 고독한 훈련, 헌신, 확고한 결심, 사려깊음의 노력으로 자신들의 스타일을 만들었다.

작은 차이들은 어쩌면 말 그대로 작은 차이일 것이다. 하지만 궁극적으로 당신이 하는 모든 것은 당신의 비즈니스에 영향을 끼친다. 프로 비즈니스맨들은 여행할 때, 사교할 때, 미팅을 할 때, 협상을 할 때 항상 이 작은 차이들을 기억하여 실행한다. 자신을 차별화시키고 상대방과 신뢰감을 쌓고 관계를 발전시키기 위한 전략들은 다름 아닌 이런 작은 차이들이 될 것이다. 그리고 실제 이러한 작은 차이들은 장래의 비즈니스를 성공, 또는 실패하게 만드는데 영향을 끼친다.

Chapter 2

Introductions
소개받는 순간부터 무대를 장악하라

비즈니스 소개는 가극적 보수적이고 진지한 쪽을 택하라.
상대에 대한 어떤 가정도 쉽게 하면 안된다.

잠재적으로 중요한 고객이 될 사람과 오랫동안 거래를 해왔던 기존고객이 함께 참석하는 칵테일 파티였다. 일종의 인맥 쌓기 시간쯤 되는 것이었다. 갑자기 예상치 못했던 상황이 발생했다. 회사의 CEO가 행사장에 들러 고객들과 인사를 나누고자 한다. 오랫동안 거래를 해왔던 고객이었지만 CEO는 아직 한 번도 그를 만나본 적이 없었다. 당신은 자리에서 일어나 잠재고객과, 기존고객 그리고 회사 CEO를 소개해야 한다

누구의 이름을 먼저 불러야 할까?

정답은 중요한 사람이다. 항상 중요하다고 생각하는 사람의 이름을 먼저 호명해야 한다.

이런 경우에는, 잠재고객이 가장 중요하다. 따라서 잠재고객의 이름을 먼저 호명한다. 물론 당신의 오랜 고객이 분명히 가장 중요하다. 하지만 배려 차원에서 당신의 잠재고객의 이름을 먼저 부르고 나중에 오랜 고객에게 분명한 양해와 함께 감사의 말을 전한다. 그런 후 당신 회사의 CEO의 이름을 가장 나중에 부른다. 고객 없이 회사의 CEO란 존재하지 않기 때문이다. 이렇게 함으로

써 당신은 아주 세련되고 자신감 있게 비즈니스 소개 상황을 실행한 것이다.

같은 회사의 CEO와 고객을 소개할 때는 고객의 이름을 먼저 부른다고 했다. 그렇다면 연말 회사 송년파티에서 만난 당신의 배우자와 회사의 CEO라면 어떨까? 회사의 CEO가 먼저다. 당신의 배우자가 덜 중요하기 때문이 아니라 이 파티는 회사에서 진행되는 파티이기 때문에 상관한테 적절한 존경을 보여야 한다. 가정의 평화전선을 유지하기 위해 이런 상황을 당신의 배우자에게 미리 설명하는 것을 잊지 말라.

두 사람이 똑같은 직위를 갖고 있다면 어떨까? 일반적으로 두 사람의 나이나 성별을 고려한다. 당연히 여성의 이름을 먼저 언급한다. 이는 사교 모임에서도 적절한 방법이다.

공무원 조직에서 높은 직급의 인물을 당신 회사의 CEO에게 소개를 할 때는 누구의 이름이 먼저 언급이 되야 할까? 공무원 조직의 높은 인물이 먼저 언급되야 한다. 공무원 조직의 어떤 인물이건 선거를 거쳐서 당선이 됐다면 민간 분야의 어떤 사람보다 서열이 높은 것으로 간주한다.

직급이 높은 사람을 일단의 그룹, 10명 혹은 그 이상에게 소개할 때는? 개인적인 경험으론, 이러한 상황에선 높은 사람의 이름을 먼저 언급한 후, 그룹의 사람들에게 각자의 이름과 직위를 이야기하게 한다. 이런 방법은 실수할 소지를 방지하면서도 아주 완벽하게 소개 상황을 처리하는 방법이다.

마지막으로, 이름은 헤어질 때도 사용할 수 있어야 한다. 미팅 후 작별 인사 때도 상대방의 이름을 언급하게 되면 좋은 인상을 남길 수 있다.

다른 사람들을 소개할 때, 당신은 어느 쪽에 서야 할까? 소개는 단지 '이야기 하는 것' 이 아닌, '무엇을 하는가' 이다. 다시 말하면 당신이 어느 쪽에 위치하고 당신의 손은 어디에 두어야 하며, 어떻게 서 있는가, 그리고 다른 작은 뉘앙스들에 관한 문제이다. 소개하는 사람이 어디에 위치하느냐 하는 것은 성공적인 비즈니스 소개에서 상당히 큰 의미를 갖는다. 예를 들면, 모임에서 가장 중요한 사람이 소개자의 오른쪽에 서 있게 해야 한다. 당신이 소개하는 입장이라면 약간의 노력이 필요할지라도 이러한 자리 배치에 관해 인식하라. 정확한 위치를 찾고 다시 위치를 잡으려고 노력하는 자체가 정확히 소개하는 방법을 알고 적절한 매너와 존경을 보이려 노력하는 모습으로 여겨진다. 그런 노력은 당신에게 플러스 요인으로 작용한다. 이런 작은 뉘앙스는 전체적인 소개 과정에서 당신의 위치를 긍정적으로 반영할 것이다.

많은 사람들이 비즈니스 상황에서의 소개와 사교 모임에서의 소개가 다르다는 것을 알지 못한다. 이런 차이는 상당히 중요하다. 정확한 소개를 하는 것은 전문가로서의 이미지를 강화시킨다. 그리고 소개 순서를 바꾸는 경우 이런 환경에 많이 노출됐던 사람이라면 아주 정확하게 당신의 소개가 올바른 방법이 아닌 것을 알아 차린다. 바꾸어 소개를 한다면 상당히 불쾌하게 여겨, 본론으로 들어가기도 전에 이미 비즈니스에 부정적인 영향을 줄 가능성도 있다.

소개는 노력이 요구되는 어렵고 힘든 상황이긴 하나 적절히 해낼 수만 있다면 당신에 대한 매력적인 인상을 갖게 한다. 소개할 때 힘찬 에너지와 성실함을 보이는 것은 당신의 몫이고 동시에 책임이다. 소개하는 당사자들에게 당신이 두 사람을 연결시키게 되어 기쁘고 영광스럽다는 느낌과 인상을 받게 하라. 어떻게 하다보니 두 사람을 그냥 소개하는 것이 아니라, 마치 이 미팅이 매우 특별하다는 느낌을 갖게 하라.

또한 당신은 소개를 하는 과정 중에 여러가지 역할을 동시에 수행하게 된다. 어떤 상황이건 확신이 수반되는 소개를 해야 한다. 당신의 목적은 두 사람을 연결시키는 것이다. 이러한 기회를 진지하게 받아들이고 적당한 기술과 테크닉을 사용해야 한다. 비즈니스 세팅에서 소개는 실제 비즈니스 과정보다 비교적 덜 중요하게 보인다. 하지만 소개야말로 전체적인 비즈니스 논조를 결정하는 가장 의미있는 과정이다.

죽은 물고기 한번 잡아보세요

악수하는 손은 힘차게 내민다. 비즈니스 악수에서 남녀 성별 개념은 고려되지 않는다. 친분과 비즈니스 관계를 맺는 과정에서 이니셔티브(수행 목표)를 갖는게 당신의 목적이 되어야 한다. 그러므로 이 첫 번째 대면에서 먼저 악수를 시도하고, 주도권을 쥐어야 한다. 만약에 손을 힘을 주지 않고 악수를 한다면, "죽은 물고기와 악수"를 하는 것이고, 상대방은 당신을 '하는 일에 자신이 없는 사람' 또는 '확신이 없는 사람'으로 생각할지도 모른다. 하지만 일본이나 중국, 아시아의 비즈니스맨들은 손에 힘을 빼서 악수하는 것을 겸손과 상대방에 대한 존경으로 이해하는 경우가 있기에 서양인들보다는 약간 부드럽게 잡는다.

식사 중 누군가 자신을 소개하기 위해서 접근한다면 자리에서 일어나라. 큰 모임에선 호스트이건 손님이건, 모임 내내 많은 악수와 소개를 예상해야 한다. 누군가가 악수를 하려고 접근하거나 새로 도착한 누군가에게 인사를 해야 한다면 항상 일어나야 한다. 자리에서 일어나는 것은 인사하고자 접근하는 것 자체에 대한 감사의 표현이다.

소개가 당신의 사무실에서 진행된다면 악수를 하기 위해 책상에서 일어나 책상 밖으로 나온다. 상당히 많은 사람들이 이 기본적인 것을 잊고 그냥 책상 뒤에서 손만 내민다. 이럴 경우 여전히 두 사람 사이에 장벽으로 남아있는 책상은 두 사람을 물리적으로 나 심적으로 완전하게 연결시키지 못하게 한다.

사무실 밖에서 소개를 하는 경우라면 물론, 장갑과 선글라스는 벗는다. 오직 영국의 엘리자베스 여왕만 장갑을 낀 채 악수할 수 있는 자격이 있다. 그 외에는 심지어 영하 10도 이하라 하더라도 장갑은 벗어야 한다. 선글라스를 끼는 것은 'Cool' 하게 보일지 모른다. 하지만 날씨가 뜨겁고 화창한 날이라 하더라도, 선글라스를 벗어야 선글라스가 두 사람 사이에 장벽을 만들어 'Cold' 한, 썰렁한 상황을 만들지 않는다. 만약 아주 고급스런 선글라스를 끼고 있었다면, 첫 소개하는 과정에서는 벗어 상대방의 눈을 보며 직접적인 아이컨택을 한 후 대화 과정에서 다시 쓸 수 있다.

인맥은 금맥

당신은 아주 중요한 인맥을 만들 수 있는 파티나 모임에 참석하고 있다. 스스로를 소개해야 되는 어색한 상황을 만들고 싶지 않지만, 자신을 스스로 소개해야 하는 상황이다. 그럴 경우 아주 효과적인 방법이 하나 있다. 양쪽 모두를 알고 있는 제 3자의 도움을 받는다. 이런 방법으로 현 대통령의 아버지인 미국의 41대

대통령인 조지 부시 대통령을 한 모임에서 만날 수 있었다. 나는 'World Affairs Council' 미팅에 참석 도중 우연히 부시 대통령 근처에 앉게 되었다. 알고 있는 지인 중 한 사람이 부시 대통령과 이야기하는 것을 봤고, 그에게 부시 대통령을 소개해 줄 수 있는 가를 물었다. 그는 가능하다고 한 후 부시 대통령에게 다가갔다. 부시 대통령은 예의를 아는 인물의 표준이었다. 우리가 접근하는 것을 보고 주변인들에게 양해를 구한 후, 악수를 하기 위해 자리에서 일어났다. 이 경우 양자를 모두 아는 제 3자가 나에게 필요한 모든 것이었다. 나는 부시 대통령에게 나를 소개했다. 부시 대통령은 내가 하는 일과 관련한 질문을 했다. 그는 대화를 나누는 약 2~3분 동안 서 있었다. 그런 후 작별인사를 나눌 때 다시 악수를 권했다. 그는 아주 특별한 느낌이 들게 했고, 적절하고 파워풀한 소개에 관한 소중한 교훈을 일깨워 주었다.

양측 모두에게 안면이 있는 3자의 도움이 여의치 않다면 만나려는 사람과 눈 마주침을 하려고 노력하라. 그런 후 와서 소개해도 좋음을 알리는 그의 바디랭귀지를 주의깊게 관찰하고 해석하라. 네트워킹 파티나 칵테일 파티에 인사를 나누고 싶은 인물이 있다고 하자. 하지만 그는 다른 상대와 이미 열심히 대화를 나누고 있다. 이때는 조용히 옆을 지나쳐라. 대화를 나누고 싶은 상대가 대화를 나누는 게 아니라 '코가 끼어' 있을 수도 있다. 천천히 상대방 앞을 지나칠 때 상대방은 당신에게 인사하고 아는 체를 함으로써 탐탁지 않는 대화에서 해방될 수 있다. 이 순간 당신은 구세주다!

하얀 팬티를 입었나?

비즈니스 소개에서 가장 중요한 사항이면서도 가장 힘든 요소 중 하나는 이름을 기억하는 것이다. 또한 자주 간과되는 부분이기도 하다. 그렇기에 소개를 하는 경우라면 아주 분명히, 정확하게 소개 받는 사람들의 이름을 먼저 언급해야 한다. 이때 이름을 빨리 발음하려고 하지 않는다. 특히 어려운 이름일수록 그렇다. 천천히 이름 자체를 소개하는 기회라고 생각하고, 분명하고 똑똑하게 발음한다.

소개할 사람의 이름을 잊었을 때는 어떻게 할까? 가장 좋은 방법은 고백하는 것이다. "미안합니다. 제가 갑자기 선생님 이름이 생각나지 않습니다." 솔직하게 성의를 보이며 얘기하면 용서를 받을 것이다. 대부분의 사람들은 이름 외우는 것에 어려움을 느낀다. 우리 모두는 그런 경험이 한두 번쯤은 있다.

또 다른 방법은 같은 장소에 있는 다른 사람으로부터 기억력을 회복하기 위한 도움을 받는 것이다. 소개 받고자 하는 사람의 이름을 물어 보면 된다. 또는 이름을 잊어버린 사람에게 다가가 "제가 명함 한 장 드려도 될까요?"라고 하며 명함 교환 의향을 물어본다. 이때 적절한 방법은 당신이 아무런 의도도 가지고 있지 않음을 암시하며 상대방에게 '명함을 한 장 건네도 되겠냐'라는 정도로 물어보고 한 장 받을 수 있냐고 물어보는 것이다.

이름을 잊어버린 사람에게 가까운 사람 하나를 의도적으로 보내 소개를 시켜서 이름을 알아내는 '설정'이라고 부르는 방법을 시도해볼 수 있다. 배우자들이 종종 이용되기도 한다. 파트너를 보내 자신을 소개하며 상대방의 이름을 알아내는 것이다. 종종 먹히는 효과적인 방법이다. 사람들은 누군가 다가와 이름을 말하며 자기소개를 할 때, 자기의 이름을 말하며 자연스럽게 반응하게 돼있다. 동료도 이 '설정' 역할을 해낼 수 있다.

상대방의 이름을 쉽게 기억하는 방법으론 '연상 작용'을 고려해 본다. 상대방의 이름을 무엇인가 다른 것과 연상을 해보는 것이다. 예를 들어, 상대방 이름이 'John White'이면 "팬티가 하얀색인가 보지"라고 연상해본다. 조금 유치한 방법이긴 하지만 상당히 효과적이다.

참조할 만한 또 다른 테크닉으로는, 만약에 'Bill Scott'를 만났다면 이미 알고 있는 곱슬머리에 안경을 쓴 다른 'Bill Scott'를 연상한다. 중요한 것은 당신의 머릿속에 떠오르는 어떤 연상도 적절하지 않거나 또는 황당한 것은 아니라는 것이다. 단지 하나의 방법일 뿐이지 절대적인 정답은 없다.

　반복은 이름을 외우는 상황에서도 가장 효과적 방법이다. 당신이 소개되고 있는 두 사람 중의 한 사람이라면, 소개할 때 상대방의 이름에 집중하라. 바로 상대방의 이름을 듣자마자 속으로 한번 발음해본다. 악수할 때 손을 내밀며 상대방의 이름과 존칭을 또 한번 언급한다. 그런 후 대화 중 종종 의도적으로 상대방의 이름을 언급한다. 그리고 반복한다. 사람의 이름을 기억하는 것은 쉽지 않다. 그렇지만 듣는 즉시 몇 번 언급하면 이후로도 필요할 때마다 적절히 사용할 수 있게 기억된다. 조심할 것은 상대가 이름을 묻는 반복되는 질문에 퉁명스럽게 S.M.I.T.H! 하지 말라.

　이름은 이처럼 기억하기에 힘든 것이므로, 반대로 상대방이 당신의 이름을 잊을 수 있다는 것도 고려해야 한다. 당신이 '설정'에 걸렸다고 생각되면 명쾌하고 즐겁게, 큰 소리로 이름을 말하라. 물론, 누군가가 의심쩍게 접근하여, 마치 과거에 만났던 것처럼 "선생님이 누군지 알겠습니다"라고 하며 다가오는 사람에게는 반응하지 마라.

　명찰을 사용하고 있다면 상의 오른쪽 가슴에 부착한다. 상의 오른쪽은 상대방이 악수를 하면서 자연스럽게 볼 수 있는 시야의 동선이기 때문이다. 상대방이 이름을 알아내려, 또는 기억하기 위해 오랜 시간 쳐다봐 당황스럽게 만들 수 있기 때문에 이름을 가리는 클립 등의 사용을 주의하여 부착한다. 이름을 외우는 것은 이래저래 쉽지 않은 것임에는 분명하다.

당신을 방문하는 고위 임원에 관해 직위와 호칭을 이미 사전 조사를 했다. 그런데 그가 신분도 관계도 정확하지 않은 여성을 동반해, 소개하는 과정에서 호칭을 어떻게 해야하는지 난감한 상황이다.

이미 상황은 시작됐고, 호칭에 관한 조사를 할 시간도 없고, 도움을 받을 사람도 없다. 이때 가장 좋은 방법은 정공법으로 나가서 본인에게 직접 물어보는 것이다. "어떻게 호칭을 불러 소개를 해드릴까요?" 상대에게 진지하게 물어본다면 별 문제가 되지 않고 당신은 정확함과 존경을 동시에 표시하게 되는 것이다.

방금 누군가를 소개 받았다. 어떻게 호칭을 해야 하나? 그냥, 저기요~ 하면서 다가갈까?

그런 유혹은 잠시 접어라. 거의 '자백' 행위다. 그럴 경우, "저는 어느 부서에 근무하는 ○○○입니다. 어떻게 불러 드릴까요?" 하고 묻는다. 그렇게 묻는게 저기~, 잠깐만요~ 보다 훨씬 나은 선택이다.

이때 상대방이 영어 이름을 갖고 있는 외국인이고, 'William' 또는 'Billo' 또는 'Willy' 로 불러주길 바란다면 어떻게 될까? 두 번째는 상당히 복잡한 질문이다. 어떻게 불리냐 하는 것은 퍼스트 네임 또는 성을 사용하느냐 하는 것 이상이다. 예를 들면, 당신이

Elizabeth Anderson이라는 여성에게 소개됐다. 이때 그녀는 어떻게 불러주길 더 원할까? 어쩌면 그녀는 Elizabeth 또는 Liz, Beth, Betsy, Liza 등으로 불려지기 원할 것이다. 어쩌면 더 많은 다른 이름으로 불려지길 원할지도 모른다. 아니면 박사님, 교수님 등의 존칭으로 불려지길 원할지도 모른다. 비즈니스 세팅에서 가능한 조합과 순열을 추측하는 것은 안전하지 않으며, 인맥을 쌓는 과정에서는 어떤 가정도 쉽게 하지 않는 것이 좋다. 형식, 진지함 그리고 조금 더 보수적인 편에 서는 것이 존경과 감사를 얻을 것이다.

당신은 미운 오리새끼가 아니다!

여러 사람과 함께 일을 하고 있는 당신에게 상사가 중요한 고객을 안내하기 위해 다가온다. 그런데 상사가 팀원들을 고객에게 소개하면서 얼떨결에 당신은 건너뛴다. 어떻게 하겠는가?

이 상황은 당신의 상사가 만든 실수다. 그렇다 하더라도 조심스럽게 묘책을 사용하여 바로 잡아야 한다. 그냥 지나치거나 포기하지 말라. 고객과 눈을 마주칠 때라든가 하는 기회를 기다리다 눈이 마주치면 손을 내밀어 악수를 청하고 당신을 간결하게 소개

한다. 여전히 자신감과 따뜻함을 표시하는 것을 잊지 말라. 상사는 그저 실수를 했을 뿐인데 당신이 기죽을 필요는 없다. 고객도 당신과 인사할 기회조차 포기할 권리는 없다.

비즈니스 미팅을 준비하는데, 오늘 중요한 사람을 많이 소개해야 하는 상황이다. 긴장이 되고 정확하게 해 낼 자신이 없다. 벌써부터 긴장이 되고 있다. 이런 상황이라면, 천천히 헤쳐 나가라. 올바른 비즈니스 소개는 연습이 필요하고 대부분의 사람들이 이런 능력을 타고나는 것이 아니다. 비즈니스 소개는 많은 것들을 기억해야 하고, 순간 대처 능력이 요구되고, 예상치 못했던 상황들을 처리해야 한다. 그렇지만 부드럽게 처리해야 하는 것은 당신의 책임이다. 사전에 관련된 책을 참고하고, 룰과 공식을 내것으로 만들어야 한다. 비즈니스 소개를 연습할 때는 가급적 형식을 갖춘 표현을 선택하는게 안전하고, 진지한 것이 더 도움이 된다.

때로는 어려운 상황에서도 아주 멋진 순간을 경험할 수도 있다. 한번은 주요 잡지의 발행인을 자동차 대리점 사장에게 소개를 시킨 적이 있었다. 이 두 사람에게 어떤 주제로 대화를 시작하게 하는 것이 도움이 될지 특별한 아이디어가 떠오르지 않았다. 그래서 순간적으로 생각해낸 것은, 두 사람의 이름, 직위, 존칭 그리고 회사의 전문 분야에 관해 분명하지만 간단하게 설명했다. 그런 후 다음과 같이 덧붙였다. "두 분 다 각자의 분야에서 눈부신 캡틴들이시군요" 두 사람은 미소를 지었고, 악수가 뒤따랐고, 두 사람 사이에 대화는 물 흐르듯이 쉽게 진행됐다.

그렇다면 소개하는 과정에서 이런 룰을 깨뜨릴 수도 있을까? 물론, 그런 상황들은 늘 발생한다. 한번은 40대의 여성을, 장군으로 퇴역하고 지금은 사업을 하고 있는 한 신사에게 소개할 기회가 있었다. 누가 더 중요할까? 소개 에티켓에 따르면 나는 신사의 이름을 먼저 호명해야 한다. 하지만 개인적으로 이 신사는 그런 에티켓 룰을 반대할 것을 안다. 그래서 이런 특별한 경우에 적절하게 여성의 이름을 먼저 불러 에티켓의 룰을 깼다. 우리의 목적은 두 사람을 편하게 하고 대화를 촉진시키는 것이기에, 두 사람의 개인적인 선호도를 안다면, 상황에 맞게 에티켓 룰을 깨야 한다.

다시 한번 언급하지만, 비즈니스 소개와 관련해서는 형식과 존경심이 가장 중요한 것을 명심해야 한다. 내가 경험했던 가장 좋은 소개 중 하나는, 보스턴에서 열린 폴 메카트니의 공연 중 발생했던 소개였다. 조명이 서서히 꺼지고 음향이 생명력을 얻기 시작하자 콘서트는 시작됐다. "신사 숙녀 여러분, 폴 메카트니 경을 소개하겠습니다." '경' 이라는 전문적이고 형식을 갖춘 존칭의 사용은 그날 저녁 콘서트홀에 모인 수천 명의 관객을 더욱더 특별하게 만들었고 폴 메카트니 '경' 을 보고 노래를 들을 수 있게 했다. 이 간단하지만 적절한 소개는, 그날 저녁 펼쳐진, 정말 마술 같았던 공연의 격을 결정하는데 한 역할을 했다.

Chapter 3

Small talks

좋은 음악은 좋은 전주에서 시작된다

작은 대화는 성공 비즈니스를 부르는 전주곡이다.
상대에 관한, 그리고 편안한 이야기일 것.
논란이 있는 주제는 절대 금물이다.

비즈니스 미팅 장소에 도착해 고객의 사무실로 안내되었다. 사무실 의자에 앉아있는 동안 고객은 생각했던 것보다 길게 전화 통화를 하고 있다

이 경우 계속 앉아서 기다려야 할까? 아니면 첫 대면의 어색함을 극복하고, 조금 더 만족스러운 미팅으로 연결시키기 위해 도움이 될만한 무엇인가를 해야 할까?

"바로 올 테니 잠깐만 앉아계시겠습니까"라는 안내를 받은 후에는 얼마든지 일어나서 대기실을 돌아다녀도 된다. 사무실의 인테리어, 예술 작품, 사진, 졸업장 등을 들여다 볼 수 있다. 사무실에 진열된 어떤 것이든지 돌아볼 수 있고 첫 대면 전 '작은 대화'의 주제로 사용할 수 있다. 이런 기회를 상대방에 관해 좀 더 파악할 수 있고 관계를 강화시킬 수 있는 기회로 사용한다.

고객과 친분을 증진시킬 수 있는 연관된 아이템을 찾아라. 가장 편하게 상대방과 이야기를 시작할 수 있는 소재를 찾는 것이다. 때로는 적절한 '작은 대화'의 소재가 금맥을 찾은 것보다 더 유용할 수도 있다. 하지만 개인적인 가정을 하는 것은 피한다. 최

근에 한 남성 고객으로부터 '작은 대화'에 관한 경험을 들은 적 있다. 사장실에 간 매니저가 책장에 진열돼 있는 사진을 가리키며 "(사진 속의 방송 앵커를 가리키며) 이 사람은 언제 만났셨습니까?"라고 물었다. 사장이 "누구 얘기하는거야?"라고 묻자, 매니저는 스포츠 앵커이자 자기 회사의 고객이라고 믿고 있는 사진 속의 인물을 가리켰다. 그러자 사장은 대답했다. "그 사람 내 와이프야."

새로운 비즈니스 고객과의 자리라면, 당신이 먼저 대화를 시도하라. 단, 논란의 여지가 없는 주제여야 하고, 자신이 제어할 수 있는 것들이어야 한다.

요란하게 빵빠레를 불며 나타나 이목을 집중시키지 마라. 그러면 상대방은 당신에 관한 질문을 먼저 하게 되고, 결과적으로 방문하는 곳과 사람들의 분위기를 먼저 평가할 수 없다. 우리는 대부분 상대방의 목소리를 먼저 들음으로써 가치 있는 정보를 얻을 수 있다. 상대방이 흥분하는 것, 교만해하는 것, 싫어하는 것, 지루해하는 것, 건강에 문제가 있는 것, 또는 자신 있어 하는 것 등을 듣게 된다. 그리고 이 모든 실마리들은 상대방의 스타일에 적용하는 것에 도움이 된다. 몇 분 동안 비즈니스와 전혀 관련이 없는 대화를 나눔으로써, 실제 대화나 행동거지에 있어 적절한 수위 조절이 가능하다. 딱딱한 업무와 돈 문제에 관한 얘기를 하기 전 관계를 증진시킬 수 있고 신뢰를 형성할 수 있는 기회를 만드는 것이다. 이게 대화의 기술이다. '작은 대화'는 비즈니스 환경에서 성격이 드러나지 않는 요소이다. 이 평범한 대화는 의미 있고, 필요하지만, 쉽지 않은 '작은' 대화로 불리기 때문에 그 가치가 저평가된다.

우리는 종종, '작은 대화'를 목적이 없는 지껄임이고, 그냥 침묵을 메우는, 시간을 때우는 대화라고 간주해버린다. 그렇기에 대부분의 사람들은 '작은 대화'를 활용하지 못한다. 특히 미국인들은 적절하게 '작은 대화'를 활용하지 못한다. 미국은 세계에서 가장 말을 빨리 하는 나라다. 시간은 돈이다. 빨리 요점에 도달해야 된다고 믿는다. 하지만 '작은 대화'는 비즈니스와 전혀 분리되지 않는다. 오히려 '작은 대화'는 비즈니스의 전주곡이다. 부드러운 비즈니스 대화로 넘어가기 위한 설정이다. '작은 대화'를 잘 활용할수록 실제 업무 대화가 시작되면 더 유리한 위치에 설 수 있게 된다. 비즈니스 컨퍼런스에서 또는 인맥을 쌓기 위한 칵테일 파티 등에서 교환될 수도 있다. 복도에서 미팅장소에 들어가며 진행되기도 하고 헬스클럽에서도, 또는 아이와 관련된 행사에서도 진행될 수 있다,

보험을 들자

작은 대화는 미팅 또는 업무와 관련된 본론에 들어가기 몇 분 전에 시작되야 한다. 대신 작은 대화는 상대방의 이야기를 듣는 시간으로 활용한다. 긴장하고 있는가? 자신이 있는가? 당신을 만나는 것을 즐겁게 생각하나? 아니면 걱정을 하고 있는가? 주저하는지, 서먹하게 생각하는지? 지루한가, 건방진가? 이 모든 정보들은 비즈니스 미팅 중에 긍정의 관계를 정립하고 상대방의 스타일에 적응하는데 도움이 될 것이다. '작은 대화'를 경쟁력을 얻고 유지하는데 필요한 시간으로 활용하라.

'작은 대화'를 하기에 좋은 또 다른 경우는, 당신의 비즈니스 파트너를 업무 환경이 아닌 업무 외적인 상황에서 조우했을 때다. 체육관에서, 휴가지에서, 칵테일 파티에서 만날 때 등이다. 상대방과 교류가 필요하지만 업무를 얘기하기엔 적절하지 않을 때가 있다. 예를 들면, 업무 때문에 한번 만나길 원하는 사람을 아들이 참가하는 스포츠 행사 때 발견했다. 분명히 업무와 관련된 이야기를 하기엔 적절치 않은 장소이다. 하지만 '작은 대화'는 앞으로 진행될 업무를 위한 전 단계로 활용될 수 있다. 업무에 관한 얘기는 한 번도 하지 않는 사교모임에서도 기회를 최대한 활용할 수 있다. 이런 관계와 인맥을 쌓아 놓음으로써 장래에 실제 만나게 될 어려운 얘기나 과제를 부드럽게 처리할 수 있다. 단, 어떤 모임이 됐건 과도하게 비즈니스의 경계를 넘지 말라.

문화에 따라서는 '작은 대화'가 '작게' 간주되지 않는 곳도 있다. 특히 아시아 국가에서의 '작은 대화'는 필수적인 조건이다. '작은 대화' 없이 첫 번째 미팅이 진행되는 법이란 없다. 한국의 경우도 마찬가지이다. 처음 몇번의 미팅은 상호 관계를 원활하게 만들기 위한 자리로 이용된다. 서로 신뢰를 쌓고 서로를 알고자 하며 상호 관계를 정립하려는 목적으로 기술적이고 예술적인 작은 대화들이 파고든다. 이는 남아메리카 문화권에서도 마찬가지이다. 요즘과 같은 글로벌 경제에서 발생하는 비즈니스는 상대방의 문화적인 조건들을 이해하는 것이 성공적인 비즈니스의 중요한 요소이다. 어떤 문화에 속해 있건 비즈니스를 얻고자 한다면 상대방 비즈니스 환경에 맞게 나를 준비할 필요가 있다.

주의 깊게 관찰하라

'작은 대화'의 주제는 장소에 따라 달라질 수 있다. 다음의 가이드라인을 통해 장소에 따라 달라질 수 있는 작은 대화를 고려해 보라.

고객의 사무실을 방문했다면, 사무실을 한번 둘러보라. 휴가 또는 가족사진은 좋은 대화 주제다. 책장 위에 있는 개인적인 소장품이나 스포츠 메달, 트로피에 관한 이야기도 좋은 시작이 될 수 있다. 대부분의 사람들은 사무실을 자기 취미나 성격, 관심사를 반영하는 의미 있는 물건들로 장식을 한다. 그러므로 이러한 물건들은 상대방에 대한 순수한 관심을 표명할 수 있는 자연스러운 아이템들이다. 이런 물건들에 관심을 표명하고 '작은 대화'의 주제로 사용하는 것으로 파트너에 관해 알고자 하는 욕구를 자연스럽게 표시할 수 있다. 이런 노력을 상대방은 놓치지 않을 것이다.

당신의 사무실에서 미팅을 한다면, 아마 '작은 대화'를 위한 적절한 아이템이 많이 없다고 생각할 것이다. 하지만 파트너가 당신의 사무실을 방문할 때도, 여전히 생기 있는 대화를 위해 흥미로운 아이템은 많다. 예를 들면 사무실에 도착하기까지의 여정을 묻는 것은 좋은 주제다. "길 찾기 힘들지 않으셨나요? 비행기 여행은 어떠셨습니까? 짐은 별 문제 없으셨나요?" 이런 것들은 대화 주제로서 창의성이 요구되지 않기 때문에 '작은 대화'의 본래 목적을 달성할 수 있는 아주 완벽한 주제들이다. 날씨도 아주 적절한 주제가 될 수 있다.

창조적인 작은 대화

모든 사무실이 창조적이거나 대화를 나눌 만큼 인테리어가 잘 되어 있는 것은 아니다. 다른 주제를 끄집어내 그걸로 버텨라. 사무실이 어디에 위치하고 있는가? 근처에 역사적으로 유명한 건물이나 유적지가 있는가? 유심히 살핀다면 작은 대화를 위해 차용할 수 있는 무엇인가가 존재한다. 또한 로비나 다른 공유 장소를 통해 빌딩에 들어갈 때 약간의 관심을 기울여라. 벽에 재미있는 그림이 걸려있나? 내부 배치가 독특하거나 어떤 식으로든 흥미로운 게 있는가? 사람들 모두가 자기 사무실에 흥미로운 잡동사니를 갖다놓아, 당신을 도와주지 않을 수 있기에 당신 스스로가 더듬이를 적절히 이용해야 한다.

당신이 좋아하지 않는 정치인과 악수하는 사진, 혹은 유쾌하지 않은 예술작품이 걸려 있을 수도 있다. 아는 사람 중 하나가 '꼬마 흑인 삼보' (인종차별적인 요소가 많아 논란이 되고 있는 동화) 상이 있는 사무실로 안내된 후 몹시 당황한 적이 있었다고 한다. '꼬마 흑인 삼보' 상이 불쾌감을 자극해서 어떻게 대화를 풀어나가야 될지 몰랐다고 한다.

불쾌하게 느껴지는 것들을 보게 된다면 두 가지 선택이 있다. 흥미를 가지고 열린 자세로 질문하고 들으면서 반응을 보는 것이다. 어쩌면 정말 흥미로운 주제로 대화가 진행될 수도 있다. 아니

면 그냥 무시하고 부드러운 대화가 가능한 다른 아이템을 끄집어
내 이야기를 진행시키는 방법이다.

'작은 대화'에서 창조성을 포기하지 마라. 아마 당신이 작은 것
도 놓치지 않는 성격이라면 다른 흥미 있는 주제를 발견할 수 있
을 것이다. 내가 아는 한 사람은 잠재적인 비즈니스 파트너에 관
해 조사를 해 그가 자기와 같은 학교를 졸업한 영향력 있는 동문
이라는 것을 알아냈다. 비즈니스 미팅 때문에 방문해 줄 것을 요
구하자 그는 동문에 관한 대화를 효과적으로 할 수 있도록 양복에
학교 뱃지를 차고 나타났다. 학교 뱃지를 차는 것은, 분명히, 감성
적으로도 두 사람을 연결시킬 뿐만 아니라 두 사람 모두에게 공통
의 자부심을 느끼게 하는 결속의 표시가 됐다.

인맥 쌓기 이벤트 같은 장소에서는 '작은 대화'의 소재로 활용
할 사적인 데코레이션이 없다. 그러므로 새로운 것을 시도해야 하
고, 이러한 시도를 위해서는 약간의 주의를 기울여야 한다. 사무
실 안팎의 벽화, 샹들리에, 바닥, 룸 인테리어 또는 빌딩 자체도
적절한 주제이다. 녹고 있는 얼음 조각, 꽃꽂이, 이 모든 것들은
'작은 대화'의 주제로 충분히 가능하다.

상대방의 옷차림에 관한 이야기를 할 때는 주의하라. 칭찬하는
것은 괜찮다. 하지만 상대방이 하고 있는 아이템에 관해서 가격을
물어본다거나 또는 어느 디자이너의 작품인지, 어디서 구입을 했

는지 등을 파고드는 것은 삼간다. 정보를 염탐하려 하거나 상대방의 경제 수준 등을 알아보려 하는 것으로 오해를 받거나 그렇게 간주될 수 있다. 하지만 상대방이 당당한 체격을 가졌거나, 성공한 운동선수를 암시하는 심박 체크기 등을 손목에 착용한 것에 관해서 언급하는 것은 아주 멋진 '작은 대화'의 도입이다.

설사 엄격한 비즈니스 상황이 아니라도, 대화의 기술은 중요하고 유용하다. 파티, 헬스클럽, 스포츠 행사 또는 아이들의 모임 등에서 만나는 사람들은 언젠가 사업상 중요한 역할을 할지도 모른다. 이런 상황에서 적절하고 기교 있는 '작은 대화'를 유도하는 센스는 중요하다. 커피숍에서 줄을 서서 기다릴 때 가볍게 대화를 나눈 사람이 미래에 당신 사업에서 찾는 중요한 역할을 할 사람일지 누가 알겠나? '작은 대화'를 헬스클럽에서 하는 것은 좋지만 어떤 이들은 자기의 개인 공간을 방해받기 싫어할 수도 있다는 것도 알아야 한다. 추파를 던져본 후 반응을 살펴라. 대화의 실마리를 트기 시작하면 좋고, 그렇지 않다면 가볍게 미소를 띠고 꼬리를 내리며 당신의 목적에 충실하라.

사교모임에선 '작은 대화'가 상대방을 편하게 하는지 아닌지를 나타내는 신호를 잘 읽어야 한다. 예를 들면 상대방이 어떤 일에 종사하는지 물어보고 대화를 나누는 것은 괜찮다. 하지만 실직중이거나 특별히 하는 일이 없다면 대화를 꺼려할 것이다. 대화의 주제가 편하지 않음을 알리는 암시에 대해 항상 주의를 기울여야 한다.

상대방이 무엇을 하는지 또는 어떤 사업체의 대표인지 알고 난 후에는, 내가 가장 좋아하고 또한 무난하게 통하는 질문으로는, 다음과 같은 열린 질문이 사용될 수 있다. "하시는 일이 다른 유사한 업종과 어떤 점에서 차이가 나는지요?" 이 질문은 상대방에게 적절한 방법으로 중요한 사업문제를 고찰해 볼 수 있게 만들기에 좋다. 한번 시도해보라.

또한 직업에 관해서 물어볼 때는 분명한 세대격차가 있다는 것을 명심해야 한다. 베이비 붐 세대나 그 이후 세대는 "어떤 일을 하시죠?"라고 물어도 전혀 문제없다고 여길 것이다. 하지만 똑같은 질문을 했을 때, 그 이전 세대들은 정보를 캐려 하고 상대방의 경제적인 상황을 알려 한다고 불쾌하게 여길 것이다. 특히 상대방이 직업을 구하고 있거나 실직 중이라면 말이다. 또한 어떤 비즈니스 세팅이나 사교모임에서라도 대화 도중 당신 자신에 관한 대화를 나눌 준비를 해야 한다. 질문을 받을 준비를 하라. 이러한 모임은 인맥을 쌓기 위한 기회이다. 당신이 만난 사람은 어쩌면 당신과의 인연으로 새로운 직업을 얻을 수도 있다. 누가 아나?

위험한 대화 주제들

어떤 주제들은 '작은 대화'의 내용으로 사용하기에 적절하지 않다. 정치 문제가 그 중 하나이다. 오늘날과 같이 모든 사람들이 여당 아니면 야당을 지지하는 양당화된 현실에서 정치에 관한 주제로 얘기하는 것은 지뢰밭을 걸어가는 것과 다를 바 없다. 대화 주제 리스트에서 정치는 빨간줄로 X표를 해놓아라. 혹시 정치에 관한 질문을 받는다면 긍정적이지만 중성적인 톤으로 이야기하고 대화를 다른 주제로 옮겨라. 필자가 알고 있는 한 비즈니스맨은 어떤 회사에 상당한 투자를 앞두고 회사 미팅에 참석하기 위해 파트너 회사를 방문했다. '작은 대화'를 나누던 도중 이 회사의 대표가, 자기가 반대하는 정치인을 지원하는 것을 알게 된 후, 오직 이 이유 때문에 그 회사에 투자하지 않을 것을 결심했다. 그 회사는 아직까지 왜 투자 결정이 바뀌었는지 알지 못한다. 정치적 성향을 표현할 수 있는 대화는 가급적 하지 않는 게 좋다.

종교는 항상 '작은 대화'의 주제로는 금기시 되어야 하는 검증된 주제다. 종교는 속성상 너무 많은 함정을 내포하고 있다. 오늘날의 종교는 대화 도중, 언제 어떻게 상대방을 불쾌하게 만들 '폭탄'으로 발전할지 절대 모른다. 같은 종교적 믿음을 가지고 있는 사람도 다른 시각을 가질 수 있고 오해와 불편한 결과로 이어질 수 있다. 교회 또는 유대교회당 운영에 개입해 본 사람이라면, 비숫한 종교적인 배경을 갖고 있는 사람들이라 하더라도 종교적인 대화 내용에 관해서는 다른 해석을 갖는다는 것을 안다. 종교는 사람의 감정을 자극할 수 있는 민감한 주제이고, 갈라진 분열을 극복하기 위해 상당한 노력이 요구되기 때문에 왜 그런 주제로 이야기하는 것을 회피해야 하는지 우리 모두는 잘 알고 있다.

나는 가톨릭 추기경인 버나드 로의 사진을 가지고 있다. 하지만 이 사진을 사무실 어디에도 붙여놓지 않는다. 그 대신 가까운 친구나 친척들을 초대하는 내 집에 붙여 보관하고 있다. 그 외에 업무 때문에 방문객들이 많은 사무실에는 개인적인 감정을 덜 노출시키는 사진들을 갖다 놓는다. 이런 것이 사진이나 사물들에 관한 개인적인 소신이 없어서는 아니다. 오히려 민감해서, 상대방을 자극할 수 있는 소품들을 진열하지 않는 것은, 그런 것들이 가져올 반향을 없애는데 도움이 되기 때문이다. 비즈니스 때문에 방문하는 사람들을 조금 더 편하게 만들기 위해 진열을 하지 않는 방법을 택하는 것이다. 안전한 이야기 거리의 주제로 사용될 수 있는 다른 아이템들을 진열한다.

건강이나 경제상황 같은 개인적인 주제에도 경계할 대목이 있다. 이런 배려는 비즈니스 분위기와 편안함을 유지하기 위함이다. 다시 한번 기억하라. 이 시간은 신뢰를 쌓고 관계를 돈독하게 하기 위한 시간이다. 너무 많은 '나눔'은 당신과 당신이 추구하고자 하는 관계를 완전히 파괴할 수 있다.

대화 상대가 적절하지 않은 것을 언급할 때 가급적이면 유머를 사용하라. 대답을 하기에는 좀 불편한 개인적인 질문을 한다면 질문을 비켜서 대답하는 것도 권장할 만하다. 최근에 산 아파트의 가격을 물어 왔다. 어떻게 대답할까? "네~, 저한테는 100억의 가치가 있죠." 상대방이 당신의 나이를 물었다. "가끔 한 백 살처럼 느껴질 때도 있습니다." 이러한 적절하지 못한 질문에 불쾌한 대응을 하는 것은 현명하지 않다. 대부분의 사람들은 세련되게 말하는 법을 알지 못해 기술적으로 비켜가는 방법을 알지 못하고, 순간적으로 떠오르는 것을 생각 없이 얘기한다. 항상 당신과 관련된 사람들과 적절하게 대화할 준비를 하라. 하지만 실제 당신과 관련 없는 말들을 상세하게 제공할 필요는 없다.

한국인이 외국인들과의 만남에서 종종 저지르는 실수 중 하나가 사생활에 관한 것이다. 가족관계며 재산 사항, 사적인 비밀에 관한 것까지 서슴지 않고 묻는다. 질문을 받은 사람은 당황할 수밖에 없을 것이다. 적절치 못한 질문에 응수하는 것, 그리고 적절치 못한 질문을 하지 않는 것은 잊어서는 안되는 대목이다.

좋은 주제들

날씨는 우리 모두에게 영향을 끼친다. 그리고 항상 흥미로운 관심의 대상이다. 작은 대화의 주제로 날씨는 얼마든지 가능하고 충분하다. 과소평가하지 말라. 특히 최근에 날씨는 아주 훌륭한 뉴스의 주제가 되어왔다.

준비된 사람이라면 미팅에 참석할 때 최근의 화제거리가 되는 책을 고른다. 특히 당신이 아주 좋은 책을 권장할 수 있다면 당신은 똑똑하고, 업데이트 됐으며, 흥미 있는 사람으로, 그리고 지적으로 보일 것이다.

교통에 관한 주제는 모든 사람이 직접적인 경험을 하는 또 다른 주제이다. 상대방에게 어떤 교통수단을 이용했냐고 묻는 것은 적절한 '작은 대화'의 질문이다. 때로는 이런 질문이 더 재미있는 이야기 거리를 촉발시킨다. 또는 앞으로 출장을 가면서 참조할 수 있는 지름길을 알 수도 있다. 모든 비즈니스맨들은 출장을 가기 때문에 교통수단의 상세함은 공통으로, 그리고 편안함을 줄 수 있는 '작은 대화'의 주제다.

스포츠는 적극적인 대화의 주제여서 종교나 정치보다는 안전한 '작은 대화'의 주제로 늘 사랑 받는다. 팀으로 하는 스포츠만 좋은 주제는 아니다. 파트너는 특별한 스포츠에 직접 참여할 수도 있다. 손목에 찬 밴드, 스포츠 시계 등을 통해 그가 골프, 조깅, 싸

이클 매니아인지 알 수 있는 단서를 찾는다.

자기에 관한 이야기는 다른 사람에 관한 내용보다 더 중요하고 흥미 있다. 열린 질문을 함으로써, 같이 있는 동안 상대방이 자기에 관한 이야기를 자연스럽게 하게 만드는 것이다. 이렇게 유도함으로써 상대방은 이 만남이 긍정적인 경험이라고 느끼면서 대화를 할 것이다. 대화는 예술이고 기술이다. 성공적인 대화를 하는 가장 중요한 방법은 열린 질문을 하여 상대방이 적극적으로 이야기하게 하고 역시 적극적인 듣기를 하는 것이다. 듣고, 듣고, 또 듣는다. 상대방과의 의사소통을 위해 얼굴 표정과 시선 그리고 바디랭귀지를 이용하여 반응하라.

미국의 유명한 저널리스트인 바바라 월터즈는 존경받는 여성이다. 그녀는 사람들이 자신들에 관한 이야기를 하게 하고 스스로 드러내게 하는 효과적인 기술을 갖고 있는 전문적인, 아주 대단한 여성이다. 바바라 월터즈는 종종, 어떻게 그 유명하고 성공한 사람들을 그녀 앞에 나오게 해 자신들의 이야기를 하게 만드는가에 대한 질문을 받는다. 바바라 월터즈는 대답한다. "대화의 기술은 쉽다. 대화를 이끌어 내는 가장 좋은 방법은 먼저 질문을 하는 것이다. 사람들이 세상에서 그 어느 것보다 가장 얘기하고 싶어 하는 것은 무엇일까? 그들 자신이다. 그러므로 훌륭한 대화의 기술을 갖고자 한다면 사람들 자신에게 설명이 필요한 열린 질문을 하는 것이다!"

상대방과 이야기를 하고 있는데 당신 자신에 관한 이야기만 계속 하고 있다고 생각해보라. 상대방의 입장에서 생각해보면 당신은 이 판에서 아주 교묘하게 그리고 성공적으로 낚인 것이라는 사실을 알아야 한다. 상대방은 당신의 생각을 들었지만 당신은 상대방에 관해 아무것도 얻은 것이 없다. 이러한 사실을 알았고 시간이 허락한다면, "아, 이런 내 얘기만 했네요. 선생님에 관한 얘기 좀 해주시죠"라고 하며 효과적으로 상대방이 이야기를 하게 국면을 전환하라. 아니면 이번 기회는 단지 '실수'로 인정하고 다음 기회에 조금 더 잘 할 수 있도록 노력하라. 우리 모두는 실수를 할 수 있다. 이런 것을 통해서 우리는 하나씩 삶의 지혜를 얻는 것이다. 다음번에는 실수를 만회할 수 있게, 기술을 연습하며, 조금 더 나아질 수 있게 두 배의 노력을 해야 한다.

대화 외적인 대화

'작은 대화'가 단지 '단어의 나열'과 '지껄이는 것' 그 이상의 무엇이라는 사실을 알게 됐다. 그렇다면 좋은 언변을 갖기 위해서 필요한 것은 무엇일까? 먼저 신체의 모든 부분을 적극적으로 활용해야 한다. 얼굴 표정, 시선, 자세 그리고 위치를 이용해야 한다. 대화 도중 집중도가 요구되는 시선 유지가 필요하다. 사교 모임이라면 얘기하고 싶은 사람을 찾기 위해 눈을 굴려 방 안을 방황할 수도 있겠다. 하지만 그런 시선 처리는 신뢰감을 주지 못한다. 현재 만나고 있는 사람에게 특별히 시선과 주의를 집중하라. 이 순간 상대방을 중요한 사람이라고 느낄 수 있게 만들어라. 당신과 함께 하는 시간이 더욱 특별하고 기억에 남을 것이다.

다른 곳을 보는 사람에게 이야기를 하는 것은 대단히 가슴 아픈 일이다. 당신의 목적이기도 한 이 만남에서, 중요한, 아니 오직 한사람이라고 느끼게 만들 수 있는 따뜻하지만 강한 시선으로 쳐다본다면 상대방에게 전달되는 당신의 이미지는 더할 나위 없이 좋을 것이다.

물론 당신의 의도를 다른 방법으로 전할 수도 있다. 바디랭귀지는 자신과 상대방에 관한 느낌이 어떤지 전하는 의미 있는 방법이다. 책상 또는 테이블에 앉아 있을 때는 어떻게 앉는 것이 옳은지 기억해라. 상체를 약간 앞으로 기울여 지금 적극적인 관심이 있다는 것을 암시한다. 등과 의자 사이의 간격을 'V' 자 형태로 만들면 된다. 몸을 뒤쪽으로 기울여 의자에 파묻히는 형태로 편안하게 앉고 싶은 유혹을 거부하라. 상대방에 대한 관심이 없거나 그렇게 강하지 않다는 것을 드러내는 꼴이다. 양손은 테이블 위에 올려놓아, 당신이 지금 칼을 뽑으려 하지 않는다는 것을 보여라.

그리고 대화 중 음성의 중요성을 기억하라. 목소리, 음색, 억양 그리고 속도는 다른 사람에 대한 순수한 관심을 표현하는 방법들이다. 당신의 질문과 반응은 에너지와 성실함을 내포해야 한다.

사람들은 흔히 비즈니스 세팅에서 진행되는 '작은 대화'의 중요성에 관해 과소평가를 하는 경향이 있다. 비즈니스에선 모든 게 비즈니스다. 시간은 돈이다. 사람들은 만나자마자 비즈니스 본론으로 돌입하려 한다. 이것은 비즈니스에 대한 의욕과 정열이지만, 의욕과 정열은 목소리를 통해서 보여줘야 한다. 목소리에 신경을 쓰고 의지를 담는 것은 중요하다. '작은 대화'는 서곡인 것을 기억하라. 대화는 예술이고 실제 보여지는 모든 능력에 앞서서 발생한다. 목소리의 톤을 조절하라.

'작은 대화'의 종료

언제 '작은 대화'를 끝내야 하는가? 상황에 따라 다르다. 당신이 미팅을 직접 주관한다면 대략의 시간을 정하여 언제까지 '작은 대화'를 끝내고 언제 직접적인 업무내용으로 옮겨야하는지를 결정하게 된다. 하지만 방문객이라면 파트너의 결정을 따라야 한다. 어떤 사람은 단 몇 마디의 대화로 만족하기도 하지만 어떤 사람은 긴 대화를 선호할 수 있다. 첫 번째 미팅의 모든 시간이 업무와 관런이 없는 대화로 끝날 수도 있다. 이것은 문화마다, 나라마다 달라질 수 있다. 사전 조사를 해서 준비하라. '작은 대화'의 기술을 미리 습득하는 것이 당신의 첫 번째 도전이고 기회이기도 하다.

다시 한번 기억할 것은, 작은 대화는 작지 않다. 작다라는 표현에도 불구하고 작은 대화는 비즈니스 관계를 정립하기 위해선 큰 의미를 가질 수 있다. 진지하게 받아 들여라.

Chapter 4

Networking
인맥 쌓기 모임은 기교가 필요한 댄스다

배를 채우기 위해 참석하는 모임은 없다.
인맥을 쌓고 행사에 기여하라.
비즈니스는 지식, 행운, 기획, 만남 그리고 인맥의 조합이다.

업무가 끝난 후 중요한 사람들과 만날 수 있는 기회의 장소로 향하고 있다. 단정한 옷차림에, 명함도 준비됐고, 정시에 도착했다. 하지만 성공적인 이날 밤의 행사를 위해 빼놓은 중요한 한 가지 절차가 있다. 무엇일까? 먹지 않는 것이다. 물론 의심할 바 없이 이 행사에는 충분한 음식이 준비돼 있을 것이다. 하지만 당신은 그곳에 배를 채우기 위해서 참석하는 게 아니다. 업무의 연장이고, 의도적으로 인맥을 쌓고, 행사에 기여를 하러 가는 것이다. 이 행사에 참석하는 다른 사람들처럼 얻고자 하는 것이 있어 가는 것이다. 그러므로 이런 기본적인 메시지에 충실하고 일관되어야 한다. 오직 뷔페 테이블만을 오가며 식사를 하는 것은 배가 고프고, 그래서 행사에서 다른 이들과 대화하는 것에는 별로 흥미가 없다라는 메시지에만 충실한 것이다.

많은 사람들은 자신의 경력에 도움이 되는 인맥을 쌓기보다 행사장의 분위기나 음식을 즐기는 편이다. 그리고 사람들이 아주 불편하게 행사장을 돌아다닌다고 생각한다. 근시안적인 시각을 가진 비즈니스맨들은 이런 인맥 쌓기 모임이 제공하는 가치를 인식하지 못한다. 성공한 비즈니스맨들은 사업이 곧 지식, 행운, 기회, 만남 그리고 인맥의 조합체라는 것을 안다. 인맥 쌓기 모임은 의미 있는 친분과 관계를 강화할 수 있게 도움을 주는 만남이다.

인맥을 넓힌다는 것은 기교가 필요한 댄스와 같다. 적당한 에티켓을 아는 것은 잘 나가는 스텝에 드라마 같은 효과를 주는 것이다. 인맥을 쌓는다는 것은 동료에게, 상사에게, 동종 업계의 리더들에게 그리고 잠재적인 고객에게 자기를 긍정적으로 표현할 수 있는 일종의 선물이다. 인맥 쌓기 모임은 이런 기회가 아니라면 가능하지 않을 사람들과 얼굴을 마주보고, 따뜻하게 악수를 하고, 상대방의 눈을 쳐다보며 좋은 인상을 남길 수 있는 기회를 제공하는 초대장인 것이다.

모임은 시간과 장소를 가리지 않고 발생할 수 있다. 물론 저녁식사라든가, 교우 모임 그리고 칵테일 파티 등은 분명한 인맥 쌓기의 기회이다. 하지만 똑똑한 비즈니스맨은 결혼식장도, 후원회모임도, 또는 유소년 스포츠 모임도 좋은 기회가 될 수 있다는 것을 알고 가능성을 열어둔다. 상대방에 대한 적절한 매너와 행동양식은 대부분의 인맥 쌓기 모임에서 좋은 기회를 만들기 위한 필수적인 요소이다. 보편적으로 받아들일 수 있는 범위내에서의 처신은 당신이 목표로 하는 사람들에게 당신을 쿨하게 인식시킬 수 있다. 존경과 전문성을 갖춘 행동 그리고 당신이 발산하는 순수한 처신은 당신을 훌륭하게 반영하고 상대가 어떤 성향을 갖고 있다

하더라도 훗날 비즈니스의 장으로 끌어낼 수 있게 만든다.

많은 사람들이 달력에 체크된 날짜를 보면서 동료에게 한숨 섞인 목소리로 얘기한다.

"오케이, 가자. 가서 한 15분 얼굴 내밀었다가 나오지 뭐!"

이러한 태도와 접근은 자신의 경력 만들기에 전혀 도움이 될 리 없다. 모든 사람들이 인맥 쌓기 모임을 즐기는 것은 아니지만 이런 모임은 평상시 같으면 만나지 못할 사람을 만날 수 있고, 호의적인 상황에서 자신을 노출시킬 수 있는 엄청난 기회가 큰 접시에 듬뿍 담겨져 제공된 것이다. 현명한 비즈니스맨이라면 자신의 경력을 향상시키기 위해 유용하게 이용할 것이다. 자신의 경력을 강화시키는 것은 결코 "한 15분 얼굴 내밀고 튀자"라는 상황에서 생기지 않는다. 인맥 쌓기는 접촉의 예술이며, 준비하고, 접근하여, 발견하고, 이해가 필요하며, 마무리가 필요한 행위예술이다.

인맥 쌓기는 세 번으로 나누어져 구별된다. 전 단계, 행사 당일, 후속 단계이다. 이 세 단계가 성공적으로 실행되기 위해서는 무엇을 어떻게 해야 하는지에 대한, 때로는 사람들에게 부담스럽기도 한 절차와 룰 그리고 에티켓이 있다.

행사 전

어떤 사교모임이든 가장 중요한 것은 준비이다. 사교모임이나 인맥 쌓기 모임의 첫 번째 준비물은 참석자들의 명단을 확보하는 것이다. 이것은 어렵지 않다. 모임을 조직했던 사람이나 초대장을 보낸 사람에게 물어보면 충분하다. 요즘에 이런 질문은 하는 것은 흔하다. 자연스럽게 질문한다. 만약에 주최측에서 이유를 묻게 되면 "이번 행사에 개인적으로 관심이 많아 도움을 드릴 수 있게 되기를 바라고 가급적이면 만반의 준비를 하고 싶다"라고 대답하면 된다. 참석자 명단을 얻었다면, 여러가지 관점에서 살펴보라.

첫 번째, 전체 행사내용을 통해 큰 분위기를 검토하라. 그리고 참석자의 이름을 외우고 외국인 중에 어려운 발음이 있다면 발음 연습도 한다. 세상에는 다른 문화를 가지고 있거나, 처음 만나는 사람이 내 이름을 정확하게 발음하는 것을 듣는 것만큼 즐거운 것이 없다. 이것만큼 당신이 존경을 표하고, 시간을 투자했으며, 작은 것에도 관심을 가지는 사람이라는 것을 보여줄 수 있는 작지만 강력한 차이도 없다. 이러한 노력은 당신의 이미지를 강화시킨다. 이런 사람이라면 비즈니스 문제는 더 연습하고, 숙달시키고, 실행하기 위해 시간과 노력을 기울일 것이라는 사실을 보여줄 수 있다. 상대는 열정적인 사람과 비즈니스 업무를 하고 싶을 것이다. 이것으로 당신은 경쟁자들과 차별화를 가졌다.

내가 알고 있는 모 은행장은 그의 은행이 주최하는 거의 모든 행사 전에 참석자들의 이름을 외우고 발음을 하는데 20~30분씩을 할애한다. 오래전부터 알아왔듯이 부드럽고 유창하게 자기의 이름이 불려질 때 사람들의 얼굴표정은 활기차지고 고무된다고 말한다. 전하고자 하는 메시지는 분명하다. 준비된 사람은 상대방에 대해 관심을 갖고 집중을 하는 사람으로 어필된다. 그를 해석하는 사람은 다음과 같이 생각할 것이다. "이 사람과 사업을 하고 싶군. 단순한 사교모임에서조차 노력을 기울여 참석자들의 이름을 외우는 사람이라면, 그 외에 다른 것들에는 얼마나 시간을 보내고 헌신적으로 집중할까?"

두 번째, 더 철저히 준비하고 배려하기 위해 참석자를 연구하라. 상대방의 비즈니스 전망과 현재 어떤 일에 집중하는지를 알아낸다. 상대방의 비즈니스 도전, 진척, 야망, 그리고 회사의 전망과 사명까지도 이해한다면 구체적이고 심도 있는 질문을 할 수 있게 된다. 이런 노력을 기울이는 당신은 고품격의 인재로 평가될 것이다. 이렇게까지 노력하는 이들이 거의 없기 때문이다. 당신의 노력은 다른 멋진 기회를 제공할 것이다.

세 번째, 상대방의 인맥과 사업 영역을 살핀다. 서로에게 좋은 시기에 꼭 필요한 인맥이 될 수 있음을 공유함으로써 당신과 파트너 모두에게 이익이 되는 방법을 찾는다. 약간의 시간을 투자해 명단에 있는 사람 개개인과 사업에 관해 연구한다. 이러한 노력을 통해 행사장에서 만날 때는 매우 중요한, 지적인 대화를 나눌 수 있게 된다. 사전에 하는 약간의 조사는 당신을 프로로 느끼게 만들 수 있다.

과거에 한 모임에서 만났던 사람은, 악수할 때 자기의 이름과 직위, 어떤 사업을 하는가에 관한 얘기를 했다. 나는 사전에 약간의 조사를 했기에 쉽게 반응할 수 있었다. "만나서 반갑습니다. 이 분야에서 사장님의 사업이 경쟁사인 ○○에 비해 어떤 경쟁력을 갖는지 관심이 많습니다." 그러자 즉시 반응을 보였고, 자부심을 보이며 진지하게, 대화를 시작했다. 인터넷 클릭 몇 번으로 적절한 시간에 성공적인 대화를 이끌어 낼 수 있었다.

조사가 필요한 또 다른 준비물로는 관련 있는 시사적인 대화 주제를 준비하는 것이다. 아래 질문에 대한 대답을 스스로에게 한 번 해본다.

⊙ 당신은 최근의 뉴스에서 나온 주제를 가지고 대화를 시작할 수 있는가?
⊙ 좋은 책을 소개할 수 있는가?
⊙ 최근의 미술가나 저자를 주제로 얘기할 수 있는가?

이런 질문의 답변은 약간의 사전 조사가 필요하다. 하지만 이런 주제들은 모임 내내 대화의 소스로서 유익하다.

마지막으로, 우선순위를 정한다. 명단에 있는 사람 중에 우선 만나고 싶은 사람을 찾는다. 모임에 전화상으로는 만나기 힘든 사람이 있을 것이다. 또는 같은 조직에 있지만 당신이 만나기를 원하는 높은 직급의 사람이 있을 것이다. 어쩌면 그를 더 알게 됨으로써 당신의 경력을 만들어 가는데 도움이 되는 다른 분야의 사람도 있을 것이다. 인맥 쌓기란 타이밍의 예술이다. 순간을 잘 선택하고 기회를 활용할 수 있어야 한다. 기억할 것은, 당신만이 오직 "한 15분 얼굴 내밀었다 빠져나오지"라고 생각하지 않는다는 것이다. 그러므로 머리속에 가장 중요하다고 우선순위를 정한 사람만이 현명하게 시간을 사용해 인맥 쌓기 예술을 완성할 수 있다.

행사 당일

옷차림부터 프로답게 갖추어야 한다. 짙은 색은 남자이건 여자이건 적절하다. 흰색, 회색, 황갈색은 열대성의 더운 지방이나 따뜻한 지역에서 잘 어울린다. 수트를 선택할 때는 명함을 꺼내고 집어넣기 좋은 큰 주머니가 있는 걸로 고른다. 지갑이나 백 같이 명함을 요구받거나 제공할 때 꺼내기 힘든 곳에 명함을 두지 말라. 명함은 쉽게 손이 닿는 곳에 지닌다.

행사 전 무엇인가 요기가 될 것을 미리 먹는다. 다시 한번 반복하는데, 누군가 당신을 좀 먹여야 되겠다고 생각해서 당신을 초대한 것은 아니다. 누군가 당신이 보여준 사업상 호의에 감사하기 위해, 또는 누군가 당신이 이 행사에 기여해주길 바라며 당신을 초대한 것이다. 인맥을 넓힐 수 있는 기회를 제공하는 이런 행사장에 와서 음식 테이블만을 왔다갔다 하느라 바쁜 사람은 스스로 기회를 걷어차고 인맥 쌓기의 의미 있는 포인트를 놓치는 개념 없는 사람이다.

행사장에 들어가기 전, 화장실에 들러라. 거울 앞에서 전신 체크를 하라. 머리, 치아, 단추, 지퍼, 화장, 넥타이 등을 살펴라. 가능하다면 구강 청정 스프레이를 하라. 마지막으로 비누를 사용해 손을 깨끗이 닦은 후 말린다. 이렇게 함으로써 실제 상황에서 발생할 수 있는 공포의 끈적끈적한 악수를 방지할 수 있다.

또 다른 체크 사항은 명찰이다. 명찰은 찼을 때 오른쪽 가슴 위로 오게 하라. 이 자리에 명찰을 패용하는 것은 악수를 하는 사람의 시선이 자연스럽게 명찰에 닿을 수 있게 하기 위함이다. 어떤 형태의 사교모임이건 가장 중요한 실제 목적인 당신의 이름을 사람들이 더 쉽게 기억할 수 있게 할 것이다. 악수하는 동안 상대방이 당신의 이름을 호명하기 힘들게, 아래로 내려다 봐야만 하는 허리벨트에 명찰을 부착하는 것은 삼가라. 상대방이 대화와 소개를 조금 더 용이하게 하고 당신의 소속회사와 이름을 처음부터 끝까지 명확하게 볼 수 있게 하라. 에티켓의 궁극적인 포인트이기도 한, 그런 것들이 파트너를 편하게 만든다.

일단 이러한 모든 사전 준비 작업이 끝났다면 이제 행사장에 들어갈 준비가 된 것이다. 당신이 출입문을 들어서는 순간, 이미 행사장에 있던 사람들 중에 일부는 당신을 알아볼 것이다. 그러므로 가급적이면 따뜻한 인상을 만들면서 전방을 향한 시선 처리를 하며 들어선다. 입구에서부터 유쾌하게, 사람들이 접근하고 싶은 얼굴 표정을 만든다. 당신은 사람들이 쉽게 접근을 할 수 있는 인상을 가지고 있는가? 때로는 우리 자신조차도 우리의 자연스러운 얼굴 표정이 어떤지 확신이 없을 때가 있다. 확신이 없다면, 신뢰할만한 가까운 사람에게 당신의 얼굴 표정에 관해 정확한 조언을 부탁한다. 거울 앞에 서서 역할극을 해보는 것도 좋다. 자신이 다른 이들에게 어떻게 보여지는지 잘 모르기 때문에 이러한 연습은 도움이 될 수 있다.

최근 한 여성으로부터 전화를 받았다. 그녀의 남편은 포춘지 3 위에 오른 유명회사에 근무하고 있고, 얼마 전 임원으로 승진을 했다. 이 여성은 명성 있는 회사 임원의 배우자 위치에 걸맞는 매너에 관한 질문을 하면서 자기 자신에 관한 컨설팅을 받고자 했다. 하지만 직접 배우자와 함께 대면했을 때, 나는 누가 고객이 돼야하는지 알아 차렸다. 사무실 입구에서 그들을 반기면서 나는 "축하드립니다. 오늘 제가 어떤 도움을 드릴 수 있을까요?"라고 물었다. 그 남자는 다음과 같이 대꾸했다. "글쎄요, 저는 사람들이 왜 저하고는 거리감이 생긴다고 느끼는지 모르겠습니다." 말하는 그의 목소리는 맥이 없었고 얼굴은 완벽한 무표정이었으며 눈동 자에 생기라곤 없었다. 분명히 그 남자는 능력 있는 비즈니스맨이 었다. 그렇지 않다면 그런 자리까지 오르는 게 가능하지 않았을 것이다. 그럼에도 불구하고 그 남자는 자기가 사람들에게 어떻게 인식되는지 알아야 할 필요가 있었다. 그에게 필요한 것은 에너지 가 실린 목소리, 색감이 주입된 음성, 따뜻한 미소의 얼굴표정, 반 듯한 자세, 긍정적인 마인드와 자신감이었다.

사교모임 에티켓이란 당신이 평상시에는 만나지 못하는 사람 들을 편하게 만들어 이야기를 하게 하고 개인적인 친분을 쌓고, 만날 수 있게 기회를 만드는 것이다. 그러므로 누구에게, 언제, 어 떻게 접근해야 하는지에 관한 룰을 알아야 한다. 예를 들면, 두 사 람이 대화에 집중하고 있다면 중간에 끼어드는 것은 문제가 없을 까? 혼자 있는 사람은 어떨까? 세 사람 또는 더 많은 사람이 한 그 룹에 있을 경우는?

대체적으로, 두 사람이 대화하고 있을 때 끼어드는 것은 바람 직하지 않다. 대화에 집중하고 있는 두 사람은 방해를 받으면 안 된다. 우리는 얼마나 자주, 업무적 또는 개인적으로 별로 중요하 지 않는 사람에게 대화 도중 방해를 받은 적이 있는가? 어떻게 이

'진드기' 같은 이들을 떼어내야 할까? 그러므로 두 사람이 천천히 거닐면서 깊이 있는 대화를 나눌 땐 이러한 가능성에 주의하라. 시선을 맞추어라. 그리고 상대방의 제안을 기다려라. 상대방이 보내는 비언어 초대장의 신호를 파악하라. 혼자 서 있는 사람들은 당신의 접근을 환영할 것이다. 세 사람이 있는 그룹에서는 종종 '상황 파악 못하는 독특한 사람'은 쫓겨나게 돼 있다. 그럴 경우 당신의 접근은 대환영을 받을 것이다.

방금 사교모임에서 만난 사람과 아주 성공적으로 대화를 진행시키고 있지만, 참가한 다른 사람들과도 대화를 나누기 위해 자리를 떠야 하는 상황이다. 또는 지금 대화를 하고 있는 상대는 그다지 중요하지 않고 흥미롭지도 않다. 어떻게 탈출을 해야 할까? 어떻게 요령 있게 자리를 떠야 할까?

이럴 때는 당신의 의도를 얘기하고 이해를 시켜라. 하지만 기억할 것은, 당신은 신뢰를 쌓기 위해 노력하고 있다. 돌아올 의향이 없음에도 불구하고 "바로 돌아오겠습니다"라고 한다면, 지금까지 쌓으려고 노력했던 신뢰를 무너뜨릴 수도 있다. 대신에 솔직하지만 우아하게 말하라. "만나서 반가웠고 함께 한 대화 즐거웠습니다. (이름과 존칭을 언급하며) 저쪽에 인사를 해야 할 사람이 있어서 자리를 좀 뜨겠습니다. 혹시 오늘 중으로 기회가 다시 생기지 않는다면 바로 한번 시간을 따로 마련했으면 합니다." 이렇게 열린 제안을 남겨라. 당신은 아무 약속도 하지 않았다. 당신은 우아했고 당신이 언급한 말들에 대해 약속을 지켜 존중받을 수 있다. 가능하다면 떠나기 전에 스쳐 지나가는 다른 사람을 소개해주는 것도 사려 깊을 것이다.

누군가를 만날 때는, 능동적으로 상체를 앞으로 내밀며 따뜻한 미소와 함께 자신 있고 힘찬 악수를 먼저 청하라. 누가 먼저 악수를 해야만 한다는 규칙은 없다. 당신이 먼저 악수를 청하려고 노력하라. 악수를 먼저 시도하는 사람이 보통, 비즈니스 상황에서 중요한 위치를 확보하고, 소개 시 통제권을 쥘 수 있는 기회를 잡고 대화를 주도하게 된다. 사교모임에서는 가급적 많은 악수와 명함교환을 할 준비가 돼 있어야 한다. 목적지향적이어야 하고 그럴 준비가 돼 있어야 한다. 악수를 하기 위해 손을 내밀 때 엄지손가락을 치켜세워 자신감을 표현하여 원하던 사람을 만났다는 느낌을 주도록 한다. 그리고 상대방에게 당신이 누구인지를 알 수 있게 가장 좋은 느낌의 악수를 하라.

컵을 들고 있었다면, 물기가 느껴지는 젖은 손이 되지 않도록 항상 왼손에 들어 오른손은 악수를 하기 위한 준비를 하라. 한 손에 컵을 들고 다른 한 손에 음식 접시를 들고 있는데, 갑자기 누군가가 다른 이에게 소개시키려 하거나 악수를 청한다면 어떻게 할까? 두 개 가운데서 균형을 잡기 위해 안감힘을 써야하나? 또는 악수를 하기 위해 하나를 황급히 내려놓아야 할까? 정답은 시작할 때부터 절대 그런 상황을 만들지 않는 것이다. 다시 한번 기억하라. 당신은 먹기 위해 그곳에 서 있는 것이 아니다. 마시기 위해 있는 것은 더더욱 아니다. 연회이기 때문에 마셔야 된다라고 생각한다면 라임이 들어간 주스 또는 알코올이 들어가지 않은 음료를 고려해보라. 알코올 도수가 그리 높지 않은 와인도 좋겠다. 사교 모임에서는 알코올의 양을 절제하는게 현명하다. 인맥 쌓기 모임은 일의 연장이지 흥청망청의 파티가 아니며, 칵테일의 양을 조절하지 못해 혀가 꼬부라져, 결국 엄청난 대가를 치르는 사람은 많다.

행사의 성공을 위해 기여할 수 있어야 한다. 누군가가 당신이 행사의 성공에 일조를 할 것이라 생각해 초대를 했는데 실망시킬 수는 없지 않은가? 열린 자세를 유지하고 사람들이 접근할 수 있게 하라. 당신의 매너와 대화에 자신감과 성실함 그리고 에너지를 발산하라. 기회가 될 때마다, '도움'이라는 표현을 사용하라. 예를 들면, "제가 좀 도와 드릴까요?" 또는 "제가 도움이 됐으면 합니다"라고 말한다. 사람은 우리 삶의 한 부분기도 한 '도움'이라는 표현에 반응하게 돼 있다. 또한, '도움'이라는 표현은 사람들을 덜 경계하게 만들어 더 적극적으로 참여할 수 있게 한다.

이런 모임에서는 서 있어야 할까? 아니면 앉아 있어야 할까? 서 있는 것은 쉽게 이동하고 상황에 쉽게 반응할 수 있고 사람들과 인사하기 좋다. 하지만 앉아 있는 것은 이러한 행동에 많은 제한을 주고 모임에 관해 별로 관심이 없어 보이게 하고, 심지어는 건방지게 보이기도 한다. 하지만 대화 파트너가 앉아있기를 원한다면, 어떤 상황이라도, 잠시 자리를 빠져나와 파트너의 상황을 조금 더 편안하게 만든다. 이때가 유일하게 인맥 쌓기 모임에서 음식을 먹을 수 있는 적절한 시간이 될 것이다. 파트너가 한쪽에 있는 테이블에 자리를 잡고 음식을 먹길 원하다면 당신도 같이 음식을 먹는다. 가급적이면 쉽게 먹을 수 있는 '손가락 집기 음식'을 택한다. 자르기 어렵거나 소스가 많은 음식은 삼간다. 대합의 껍질이 테이블 위를 날거나 음식의 부스러기가 당신 자켓에 착륙한다면 좋은 이미지를 주고자 했던 당신의 의도는 물 건너가고 만다.

회사의 고위직이나 업계의 유명한 인물처럼 자신보다 직위가 월등히 높은 사람에게 접근하는 것은 가능할까? 물론이다. 인맥 쌓기 모임의 훌륭하고 멋진 기회 중 하나는 늘 만나는 동료, 경쟁자 그리고 지인들이 아닌 이들을 만날 수 있는 기회를 갖는 것이다. 이런 사람을 만나 긍정적이고 좋은 인상을 주려고 사전 준비도 하는 것이다.

자신보다 월등히 높은 고위 인사와 만날 때 중요한 포인트 하나는, 상대에게 절대 명함을 요구하지 않는 것이다. 지금까지의 비즈니스 관례상 보건대, 고위 공직자나 조직의 고위 임원들은 같은 서클 내에 속한 사람들끼리만 명함을 주고 받는다. 이러한 관례에 함축된 의미는, 모임 후에 그들의 정보가 노출되어 불필요하게 추적을 받는 것을 방지하는 것이다. 하지만 그들이 먼저 당신에게 명함을 요구한다면 매우 감사하게 생각하라.

이들과 대화할 때는, 마치 참호 속에 있는 듯 경직되지 않도록 주의해야 한다. 상황에 맞는 적절한 '작은 대화'를 준비하고, 상대방에 대한 정보와 회사에 관한, 사업에 관한 질문을 하고 맞받아칠 수 있게 무장돼 있어야 한다. 또한 이런 기회가 주어지면, 상대방 회사의 성장에 관해 축하해주고, 의미 있는 이정표 같은 사건들에 관해 이야기할 수 있어야 한다. 물론, 당신이 이 모임과 회사에 어떻게 연관이 있는지 설명할 수 있어야 하고, 특히 같은 회사의 고위 임원과 이야기한다면, 회사에 관련된 적절한 대화와 회사의 일원으로서 갖는 자부심에 관해 대화할 수 있어야 한다.

마지막으로, 흔히 잊어버리는 간단한 표현인, "고맙습니다" "미안합니다" "실례합니다"를 아끼지 않는다. 소위 '조금 수준 높은 사람들'은 이런 기본적인 표현을 듣는데 지루해하지 않는다.

명함을 교환할 때는 항상 묻는다, "제 명함을 하나 드려도 될까요? 또는 명함을 하나 얻을 수 있을까요?" 항상 물으라는 것은 왜일까? 사람들이 당신의 명함을 필요로 한다고 미리 가정하지 말라는 이야기다. 실제 모임에서 나는 상대방의 명함을 자주 요구한다. 하지만 종종 "미안합니다, 지금 명함을 드리지 못할 것 같습니다"라는 대답을 듣는다. 또는 "사무실로 명함을 보내신다면 괜찮습니다. 오늘밤은 정말 명함을 받고 싶은 생각이 안드는군요"라고 얘기할지도 모른다. 항상 먼저 질문하라. 명함 교환이 진행될 것은 분명하긴 하지만, 조심스럽게 요구하는 것은 상대방 직위에 대해 존경을 표하는 것이고, 상대방의 명함을 꼭 받아야만 된다는 가정을 하고 있지 않은 것을 암시하는 것이다. 명함을 받았다면 자켓의 안주머니 등에 존경스럽게 간직한다. 명함에 메모를 해야한다면 상대방이 쳐다보는 상황이 아닌, 추후에 하라. 만약에 상대방의 앞에서 메모를 하면 말 그대로 상대방의 얼굴에 메모를 하는 것과 같다. 메모할 생각을 하고 있다면, 다음과 같이 생각해보라. 명함의 사이즈는 작다. 명함 교환을 한 사람 앞에서 명함 뒷면에 메모를 한다면 메모의 정보는 작을 것이고, 결국 상대방은 또는 상대방의 정보는 중요하지 않거나 작은 정보라는 느낌을 줄 수 있기 때문이다.

모임 중에 가급적 많은 명함을 교환하고 가급적 많은 악수를 하는 것이 당신의 목표다. 기억하라. 사람들은 아주 열심히 룸을 옮겨 다니면서 사교를 하는 사람은 적극적이고, 참여지향적이며, 프로답다는 호감을 갖는다. 한번은 네트워킹 모임에서 룸을 옮겨 다니며 인사를 나누던 중, 같은 장소에 있던 한 기업의 고위 임원이 접근했다. 그가 말했다. "안녕하십니까? 계속 선생님을 보고 있었는데, 한번 인사를 나누고 싶었습니다. 같이 일을 할 수 있는 기회가 생긴다면 좋겠습니다." 집에 오는 도중에 그 말이 "당신을 기억할 것입니다"라는 약속으로 들렸다. 어떤 모임이건 우리는 비즈니스 환경에 노출되어 있고, 누군가가 당신의 행동, 처신, 태도 그리고 전문성을 평가하고 있다.

행사 후

행사 후의 처신은 지금까지 투자했던 모든 노력을 완성시킬 수 있는 의미 있는 시간이다. 모임 장소를 떠나는 것 또한 하나의 기술이며, 다시 한번 당신의 빛을 발하게 만드는 기회를 제공하는 과정이다. 자리를 뜨면서 드러내는 품격, 적절한 에티켓, 절제, 당신이 남기는 특별한 모습은 마지막 인상을 세련되고, 분명하게, 전문적으로 보이게 만들 것이다.

자리를 뜰 때는 참석자들이 편안함을 느끼게 만들며, 당신과 함께 즐거운 시간을 보냈고 많은 이야기를 나누었다고 생각하게 만드는 것은 당신의 역할이다. 호스트라면 먼저 어려운 시간을 내서 참석해 준 참석자들에게 감사한다. 게스트라면 초대한 호스트에게 초대에 대한 감사의 말을 전한다.

실제로 사교모임에서 진행되는 진정 중요한 대화들은 행사를 떠날 때 이루어진다. 의미 있는 대화들은 Coat check room(코트를 맡기는 장소), 건물 밖, 심지어는 주차장에서 오고간다. 가장 마지막 순간이 가장 중요한 순간인 것이다. 참석자들에게 이때가 가장 편안해 경계를 푸는 시간이기 때문이다. 가장 중요한 사람을 주차장까지 쫓아가는 것이 늘 좋은 방법은 아니다. 하지만 기회가 주어진다면 그들과 함께 단 몇 분이라도 같이 걸으면서 솔직한 마무리 대화를 나눈다. 어쩌면 오늘밤 모임에서 가장 강력한 인맥을 만드는 것이다. 당신이 모임의 호스트라면, 마치 집을 방문한 손님에게 하듯이 건물 밖까지 배웅하라.

모임장소를 떠나면서 받았던 명함들을 확인할 때는 명함 뒤쪽에 필요한 메모를 한다. 이렇게 간단한 메모를 함으로써 잊어버릴 수 있는 중요한 사항들을 기록할 수 있고, 추후에 적절한 후속 조치를 할 수 있다. 감사 인사와 후속 조치는 다음날 또는 가급적 빨리 한다. 아마 지금 당장, 또는 가까운 장래에 필요하다고 생각되는 사람들에게만 감사 인사를 해야한다고 생각할 수도 있다. 하지만 이런 생각은 '사교 에티켓 실수'이다. 가치 있는 인맥 쌓기는 일관된 관리와 관심의 복합성이 요구된다. 중요한 인맥은 갑자기 무엇인가 잘못됐을 때만 필요한 게 아니다. 항상 일관된 관계 형성이 중요하다. 딱히 지금 당장 필요하진 않더라도, 미래지향적인 관계형성전략은 상대방에게 신뢰감 있는 사람이라는 인상을 주는 것이다. 그럴 때 상대방은 미래의 비즈니스 관계에서 당신에 대한 긍정적인 기억을 떠올릴 것이다. 만났던 모든 사람에게 만나서 유익한 시간을 보낸 것에 대한 감사의 말과 함께 앞으로 좋은 기회에 다시 만나고 싶은 희망을 표현한다.

이런 인맥 쌓기의 후속 조치는 당신에 관한 호의적인 차별성을 갖게 하는 가장 품위있는 에티켓을 실행하는 것이다. 어떤 형태의 후속 조치가 필요할까? 이메일은 간단한, 특히 IT 문화에 익숙한 세대에게는, 적절하게 감사 인사를 하는 방법이다. 이메일은 가장 효율적이고 미래지향적이며 일반적인 비즈니스 통신 수단이다. 하지만 개인적으로는, 이메일을 모임의 후속 감사 편지로 사용하지 말라고 권장한다. 친밀한 느낌을 조금 더 줄 수 있는 직접 쓴 감사 편지가 훨씬 당신을 돋보이게 하고 경쟁자와 차별화시킬 수 있는 바람직한 방법이다. 지난밤에 만났던 사람이 같은 장소에서 또 다른 20명을 만났던 것을 고려해보면, 이런 방법은 구식처럼 보이긴 하지만 당신에게 결코 부정적으로 작용할 리 없다. 간단하게, 우표가 붙은 양질의 문구류(청색의 만년필은 사교모임에서, 검정은 업무와 관계된 문서에서 사용된다)를 이용해 필기체로 쓰여진 감사 편지의 문구는 강력하고 사적이며, 지속적인 효과가 날 것이다.

행사에서 이야기를 할 충분한 기회가 없었다면 전화를 이용한 감사의 표현도 적당하다. 최근에 한 시상식에 참석해 10인용 테이블에 안내되었던 적이 있다. 같은 테이블에 있던 모든 사람에게 이야기를 할 기회가 없었지만 참석자들은 겉치레식으로 모두 명함을 교환했다. 다음날, 모든 사람들에게 전화를 해서 대화를 나누었다. 얘기를 했던 사람 중에 헤드헌팅 사업을 하는 한 사람은 내가 누구인지 그리고 무엇 때문에 전화를 했는지에 관해 다소 의심을 하는 듯 했다. 그래서 이렇게 얘기했다.

"선생님께서 불편하신 것 같네요. 저는 그냥 조금 더 효율적이길 바라는 사람입니다. 저는 많은 사람을 만나고 많은 모임에 참석합니다. 그리고 만나는 모든 사람들이 중요한 가치가 있는 사람들이라고 생각합니다. 혹시 제가 선생님에게 또는 선생님이 저에게 도움이 될 수 있을지 모릅니다. 이런 노력을 하는 것은 그때 서로에게 도움이 될 수 있음을 알리고자 함입니다."

그러자 태도가 180도 바뀌었다. 도움을 받을 수 있다는 것을 알면 사람들은 더욱 관심을 보이고 적극적으로 알고 싶어 한다. 후속 감사의 편지를 보낼 때는 도움을 줄 수 있다는 것을 보여주라. 인맥 쌓기는 도움을 받고자 하는 것만이 아닌 도움을 주고자 하는 것이기도 하다.

chapter 5

Telephone Skills
**열정과 미소가 전화선을 타고
흘러 넘치게 하라**

전화라는 기기는 생명도, 느낌도, 감정도 없다.
그 장애물에 물기를 부여하는 것은 사람의 몫이다.
사람만이 사람을 연결한다.

중요한 고객에게 전화를 해서 가벼운 대화를 나누고 업무 본론으로 들어갔다. 마무리를 짓고 작별의 인사를 나누는 것은 어느 쪽에서 해야 할까? 정답은 당신이다. 룰은 이렇다. 누군가 전화를 먼저 했다면 한 사람이 마지막 마무리를 지어야 한다.

어느 나라에서건 전화는 가정에서 직장에서 필요한 기기다. 사람들은 전화를 어떻게 사용하는지 잘 안다. 하지만 아이러니컬하게도 전화를 효율적으로 이용하는 방법을 아는 사람은 드물다. 업무와 관련한 전화통화는 무덤덤하고 생기 없다는 것을 대부분의 사람들은 잘 모른다. 또 많은 사람들이 업무 전화통화에 관해 잠을 못 이루며 걱정할 정도다. 하지만 전화통화 테크닉에 조금만 관심을 기울여 노력하면 잠을 못 잘 정도로 걱정하지 않고도 훌륭한 기술을 익힐 수 있다. 업무에서 쓰이는 전화기는 단단한 사무용 제품이지만 전화를 사용한 업무분야는 부드러운 예술이기 때문이다.

효과적인 전화통화를 하기 위해서는 반복되는 연습이 필요하다. 요즘에는 전화통화 기술 자체가 생산성 증진을 위한 한 분야로 새롭게 주목받기도 한다. 진정으로 돋보이는 전화 에티켓은 단지 매너, 유쾌함, 우아함의 문제만은 아니다. 과학과 비즈니스의 전문성을 배경으로 이해해야 한다. 전화 자체는 생명도, 느낌도, 감정도 없다. 당신이 느낄 수도 없고, 악수도 하지 못하고, 도움을 요청하지도 못한다. 말 그대로 전화는 당신과 고객 사이에 위치하고 있는 차가운 기기일 뿐이다. 하지만 당신의 도전은 이 차가운 물체를 하나의 장벽으로 느끼기보다는, 당신의 의도, 목표, 목적을 성취하기 위한 효율적인 수단으로 관리해야 한다.

훌륭한 전화통화를 위한 도전의 첫 번째 과정은 생명이 없는 물체, 장벽으로서의 느낌을 극복하는데 초점이 맞추어져야 한다. 광고에 사용되는 과장된 표현에도 불구하고 전화는 사람과 사람을 연결시키지 못한다. 사람만이 사람을 연결시킨다. 업무에서 전화는 장애물이다. 당신 자신을 산을 오르는 등산객이라 가정하고 눈앞에 있는 장애물을 측정하고, 헤아려라. 일정한 목표를 달성하는 하나의 수단으로, 당신의 궁극적인 목표인 사람과의 연결과 커뮤니케이션을 성취하고자 전화에 집중하라.

전화통화는 프리젠테이션처럼

버튼을 누르기 전, 전화통화를 하나의 프리젠테이션이라고 생각하라. 프리젠테이션을 하면서 준비없이 하는 사람은 절대 없다. 컨퍼런스나 미팅에 참석해 '즉흥' 적으로 말하는 것은 자기 자신을 파멸시키는 '자백' 과 다를 바 없다. 당연히 어떤 형태의 프리젠테이션이건 연설문를 준비하고, 의제에 대한 개요를 만들고, 시간안배를 하고, 조사한 후, 달성하고자 하는 목표를 염두에 두고 적절한 준비를 해 나간다.

전화통화를 성공적으로 진행하기 위해서도 가벼운 대화거리를 준비해야 한다. 그리고 전화를 걸기 전 가능한 에너지 소스를 정렬시킨다. 중요한 과정이다. 만약에 이런 준비가 안됐다면 전화 수화기를 들지 마라. 예행연습을 하고 가능한 최상의 상태에서 목소리가 나올 수 있도록 가다듬는다. 상대방의 주의를 끄는 데는 아주 제한된 시간만이 주어졌다. 적절하게 시간을 활용하라. 적극적이고 효율적인 단어와 잘 선정된 문장을 사용하라. 상대방과 호흡을 맞추기 위해 상대방이 사용하는 어법을 사용한다. 전화통화는 사전 준비가 철저해야 되는, 기회와 위험이 따르는 또 다른 형태의 프리젠테이션과 다를 게 없다.

준비 사항에는, 누구에게 전화를 거는지, 전달하고자 하는 주제는 무엇인지, 수화기 저쪽에선 누가 대답을 하게 될지에 관한 것들이 포함돼야 한다. 그런 후 상대방의 이름과 책임의 영역, 또는 대화 중 적절한 개인적인 질문이나 언급할 내용, 대화 중 발생할 벽은 무엇이고 그럴 때는 어떻게 처리를 해야하는지 등이 미리 고려돼야 한다.

어떤 종류의 전화통화일지라도 걸기 전 간단한 메모를 하라. 누구한테 무엇을 이야기하고자 하는지를 볼 수 있는 요약된 한 줄의 메모를 작성한다. 상대가 제공해주는 시간에 대한 배려이자 예의이다. 시간의 관리는 당신을 부각시킬 수 있고 준비된 업무를 정밀하게 처리할 수 있다. 준비는 당연히 전화버튼을 누르기 전에 해야 한다. 모든 것은 손이 닿을 수 있는 곳에 준비해둔다. 서류를 참조해야 할지도, 보완이 요구되는 정보도, 또는 이야기하는 도중 필요한 물 한 컵도 모두 손이 닿을 수 있는 거리에 둔다.

사무실도 잘 정리돼 있어야 한다. 문은 닫고 자세를 바르게 한다. 걸려오는 다른 전화를 처리할 장치를 놓거나 자동 음성장치로 넘어가게 한다. 주변 사람들에게 통화중이라는 것을 알려 통화도 중 방해를 받지 않게 한다. 모든 기술적인 방법을 이용해서 방해를 받지 마라. 통화 중 이메일을 체크하고 싶은 유혹을 거부하라. 이메일 창은 닫는다. 나중에 체크하라. 통화 중 상대방이 이메일을 체크하고 있는 것을 알게 될 때만큼 불쾌한 것도 없다. 핸드폰의 벨소리는 진동으로 하고 부재중 수신통화 알림벨 소리도 들리지 않게 하라. 전화를 거는 상대에게 모든 관심과 초점을 맞추어

라. 당신의 목표가 무엇인지 기억하라. 전화통화하는 상대가 가장 중요하고 당신의 유일한 고객임을 느끼게 하는 것이다. 다른 사람 또는 기계가 이러한 목표에 끼어들지 않게 하라.

끝으로, 당신의 에너지를 체크한다. 전화 프리젠테이션에 에너지를 주입하고 발산하는 것은 중요하다. 인간은 본능적으로 긍정의 에너지에 끌리는 경향이 있다. 따라서 목의 나팔관을 작동할 준비를 하고, 에너지와 의욕 수준을 체크하라. 아직 그러한 모드에 도달해있지 않다면 상대방은 흥미를 잃을 수 있다. 잠시 시간 여유를 갖는다. 잠깐 걷고, 스트레칭도 하고, 피를 돌게 하고, 에너지를 분출하는데 도움이 되는 어떤 것이든지 하라. 비즈니스 프리젠테이션과 똑같이 엔진을 부릉거리며 전화기를 향하라. 전화통화에는 뜸을 들이며 감을 잡는 시간이 따로 없다. 오직 몇 초, 몇 분 내에 의도하는 핵심을 이야기해야 한다.

골키퍼 제끼기

통화중에 상대방에게 어떤 일이 발생할 수 있다는 것을 예상해야 한다. 곧바로 의도했던 목표에 성공적으로 도달할 수도 있을 것이다. 그렇다면 얼마나 운이 좋은가! 당신 의도의 첫 번째 단계는 성공적이다. 하지만 종종 난관에 부딪치기도 한다. 골키퍼와 자동응답기이다.

비서나 사무직 직원 같은 골키퍼를 만나면 어떻게 극복해야 할까? 골키퍼를 재껴내는 방법을 알려주는 수많은 전문가들이 있다. 한번은 유료강의를 하는 곳에 참석한 적이 있었다. 강사는 수강생들을 두 명씩 짝을 짓게 한 후 역할극을 시켰다. 그가 알려주는 요령은 골키퍼를 친한 친구인 척 하는 것이었다. 수강생들은 강사의 지시에 따라 모두 이 골키퍼를 개인적으로 잘 아는 친구인 것처럼, 그에게 얘기하듯이 말했다.

"안녕하세요! 저 주디입니다. 요즘 어떠세요?"

수강생들은 친구에게 사용하는 말투를 사용하라고 교육 받았다. 하지만 나는 이런 방법을 사용하는 것에 절대 동의하지 않는다. 이런 방법은 정직하지 않고 상대방을 속이는 것이고, 그런다고 속을 사람도 별로 없다. 전화를 받는 상대방은 당신과 친분이 있는 사람도 아니고 친한 친구도 아니다. 전화를 받는 것이 직업인 직장인이다. 그 사람을 속이는 것이 당신의 목표가 되서는 안되고 다른 사람인 것처럼 해서도 안된다. 그런 행동은 성실하지 못하고 그 이후에 진행되는 거래에서 이 조직과 신뢰를 쌓기도 힘들다. 당신의 목표는 관계를 성립하는 것이고 신뢰에 바탕한 업무를 증진하는 것이다. 이 과정은 문을 지키는 골키퍼와 먼저 시작돼야 한다. 전화를 받는 상대방과 친한 척 하는 것은 황당한 생각이다. 이는 상대방과 거짓 술책으로 관계를 시작하는 것이다. 존중과 품위, 프로다운 모습으로 상대방을 대하라. 이것이 당신과 고객이 신뢰를 바탕으로 한 업무관계를 시작하는 첫 번째 스텝이다.

"아~, 안녕하시죠"라고 하기보다는 "안녕하십니까"라고 얘기한다. 미묘한 차이지만 전문적이고 더 성실한 느낌을 준다. 당신의 성과 이름 그리고 소속과 직위를 정확히 말한다. 전화를 응대하는 사람은 당신의 비즈니스에서 적도, 귀찮게 하는 벌레도 아니다. 오히려 전화응대를 하는 직원은 고객사의 첫 번째 중요한 고객이다. 이 사람이 첫 번째 기회이자 도전인 것이다. 이 고객사와 신뢰에 바탕한 업무관계를 맺고자 한다면 이 순간 교류는 이 직원부터 시작되어야 한다.

자동응답기도 마찬가지이다. 세 가지 중요한 스텝, 즉 준비, 간결, 에너지를 사용하자. 당신의 소속, 이름과 직위, 전화 목적, 시간, 그리고 필요하다면 날짜를 간결하게 언급하고, 회신 전화번호를 남기고, 다시 한번 천천히 반복한 후 평서형으로 끝낸다. 언제 응답전화를 받는 게 가능하고, 가능하지 않은지를 언급하고, 언제 당신이 다시 전화를 할 수 있는지를 알린다. 당신의 목소리는 분명, 간결, 정확, 끊고 맺음, 집약적이고, 지적인 느낌을 주어 메시지를 받은 사람이 응답전화를 하고 싶게 느끼게 한다. 음성메시지는 긍정적이고, 즐거워야하며, 활기한 목소리로 남겨야 한다. 전화선뿐만 아니라 기계라고 하는 장벽을 뛰어 넘는 것이다.

거울 앞에 서다

　어떻게 전화통화 시 에너지를 발산할까? 도움이 될 만한 몇 가지 방법을 소개한다. 거울을 이용한다. 나의 첫 직장은 기업체에 무역박람회 전시 부스를 파는 세일즈 회사였다. 대부분의 업무는 회사 내에 따로 떨어진 자리에 앉아 전화로 영업을 하는 것이었다. 업무의 특성상 고객과 개별적으로 만나 악수를 하거나 눈을 바라보며 업무를 할 기회가 거의 없었다. 직접 고객을 만나, 나를 소개하고, 질문을 하고, 물건을 소개하고, 흥정하고 맞받아 치고 하는 기회가 없으니 세일즈 전화통화는 항상 차갑게 끊기곤 했다.

　세일즈 전화 통화에 따뜻함과 적극적 에너지를 주입해야 할 필요성을 느꼈다. 당시 우리를 담당하던 세일즈 매니저는 한가지 테크닉을 가르쳐 주었다. 그는 거울 하나를 주며 우리가 일하는 책상 위에 놓으라고 했다. 그런 후 다이얼을 돌려 전화를 할 때 거울을 보며, 전화를 거는 우리가 상대방이라고 생각하라고 했다. "웃어"라고 소리를 치며 재촉했다. 그러면 전화선을 통해서 웃는 소리를 들을 수 있었다. 우리는 성실하고 진지하게 얼굴의 근육을 이용해 스마일을 만들며 전화통화 연습을 했다. 그때 나는 거울이 훌륭한 도구가 될 수 있다는 것을 발견했다. 거울을 통해 내 자신의 모습을 보며 내가 어떤 방법으로 에너지를 발산하고 어느 정도의 열의를 가지고 있는지를 더욱 잘 알 수 있었고 이런 방법을 통해서 나 자신의 모습을 이해하고 받아들일 수 있었다. 눈앞에서 말할 때 만드는 가식적인 웃음이 아니라 진정한 미소를 익힐 수 있었다. 이렇게 거울을 이용한 방법은 어떤 형태의 전화통화 상황이건 빛나는 교육 도구가 될 수 있다는 것을 깨달았다.

전화통화 시 가급적 서 있는 것을 고려하라. 이것 역시 내가 세일즈 직업을 갖고 있을 때 사용했던 방법이다. 조그만 전화 부스 안에서 무선 헤드폰이 아닌 일반전화를 이용했던 것을 생각하면 쉬운 방법은 아니다. 그럼에도 서서 전화통화를 하는 것이 목소리를 더 힘있고 적극적으로 만드는데 도움이 된다. 최선을 다했고, 더 많은 에너지를 이용해 적극적으로 통화를 했다. 나의 바디랭귀지가 목소리 톤에 반영되었다. 사무실의 푹신한 의자에 편안히 앉아 이야기하는 것 같은 목소리가 아니라, 조금 더 신용 있고, 전문성 있고, 전화통화를 위한 준비가 됐으며, 고객 사무실에서 마주보고 서 있다는 느낌이 들게 했다.

거울과 직접 선채로 통화를 하는 것은 내 전화통화 능력향상에 큰 영향을 미쳤다. 회사에 맨 처음 입사했을 때 별로 중요하지 않은 전시회인 '주택 박람회' 파트에 배치됐다. 그렇게 호의적이지 않은 환경인, 전통적으로 불황기인 한여름에 진행되는 주택건설 자재를 파는 전시회였다. 나는 3개월 동안 열심히 자재를 팔았다. 이런 덕분에 컴퓨터 전시회로 부서가 바뀌었고 역시 좋은 성적을 냈다. 1년 내에 업계 최고의 명성을 가진 전시회인 컴덱스로 자리를 옮겨 근무했다. 당시 사무실에서는 컴덱스에서 근무하는 누군가 죽어야만 승진해서 컴덱스에서 근무할 수 있다고 농담을 하곤 했다. 누구도 사표를 내지 않았고, 많은 봉급을 받을 수 있었기 때문에 일정한 성과를 올려야만 자격을 얻었다. 나는 승진됐고 컴덱스로 옮길 수 있었다. 그때 내 나이 26살이었고, 각자가 자신의 업무 스타일을 개발하여 다른 동료를 참여시키고, 일관되게 업무에 적용시키려 노력할 때 보상이 주어진다는 것을 깨달았다. 단지 전화로 업무를 하는 것만으로도 나는 그때 많은 돈을 벌었다. 전화 테크닉을 개발하는 것은 이 차가운 기계장치의 벽을 뛰어넘을 뿐만 아니라, 능력을 개발하고 경력을 만들어 가는데 많은 도움이 됐던 것이다.

목소리에 전문성과 자신감을 심는 것, 단어를 선택하고 활용하는 것 그리고 통화 어법은 전화 업무의 성공을 만드는 중요한 요소이다. 이런 기술은 자연스럽게 습득되지 않는다. 대본을 만들고 연습하여 적용시켜보고, 세련되게 마스터하여 체화시켜야 한다.

항상 전문가다운 언어를 사용하라. 간단하게 들릴 것이다. 하지만 누군가 전화통화 하는 것을 옆에서 들어보면, 쏟아내는 비전문적인 표현들을 쉽게 들을 수 있다.

"안녕하세요, 어떠세요, 뭔 일 있어요? 잠깐만요, 그래서요~, 끊죠, 또 보죠, 그래요."

이런 일상적인 표현은 업무와 관련한 전화통화에서는 전혀 고려의 대상이 아니다. 업무상 전화통화는 당신과 당신이 속한 조직을 전문가 집단으로 표현하고 확인시킬 수 있는 기회이다. 업무 파트너에게 프로답게 받아들여지는 것은 '좋은 것'이 아니고 '절대로 필요한 것'이다.

"안녕하세요"와 "안녕하십니까"의 차이는 작다. 하지만 미묘한 뉘앙스는 강력하다. "안녕하세요"는 친한 사람들과 쓰는 표현이지 프로의 표현은 아니다. "안녕하십니까?"로 시작되는 표현은 프로의 어감을 느낄 수 있게 한다. 당신의 성, 이름 그리고 직위를 언급할 때, 서두르지 말고 여유있게 말한다. 이름을 말할 땐 확신과 자부심을 갖고 얘기하라. 당신은 긍정적으로 기억되어야 하기 때문이다. 그러므로 분명히, 또박또박 그리고 힘있게 얘기하라. 당신의 목소리에 자신감과 자부심을 표현하여 가장 프로다운 모습을 전하라.

전화응대 능력을 자신이 숙달하는 것과는 별개로, 사무실에서 전화와 관련된 일을 하는 사람이라면 누구라도 같은 훈련을 받아야 한다. 어떻게 대답하는지, 어떻게 메시지를 받는지, 어떻게 전화를 걸어내는지 그리고 어떻게 전화 건 사람의 이름을 묻는지에 대해 교육을 하라. 당신의 사무실에 전화를 거는 사람은 짧은 순간에 직원들이 어떻게 응대하는지를 보고 회사를 평가할 것이다. 이러한 것들은 두 가지 중에 하나를 의미할 수 있다. 전문가들인가 아니면 아마추어들인가 하는 것이다. 고객이 대화하는 첫 번째 직원은 전문성, 에너지, 효율성, 따뜻함 그리고 관심을 표현할 줄 알아야 한다. 그것이 당신과, 당신의 브랜드, 그리고 당신 조직의 첫 번째 색깔을 결정할 것이기 때문이다.

단지 제안만 하지 말고 정확한 전화 표현과 실질적인 전화 기능을 직원들에게 교육해야 한다. 전화가 어떤 일을 하는지 우리는 잘 안다. 하지만 전화 업무는 기업의 한 프로세스로써 테크닉과 정확성이 요구되는 것이다. 자신이 직접 이런 기능들을 익혀 동료나 직원들에게 본보기가 되고 전화 업무 분야에서 모든 이들이 탁월함을 보일 수 있게 교육을 제공하라. 오늘날 기업인들은 소프트웨어와 산업기술에 대한 교육을 제공한다. 전화는 실질적으로 거의 모든 업무에서 사용되는 기기인 것을 기억하라.

주의가 요구되는 특별한 상황들

전화는 책상 위에 존재하는 단순한 기기 이상이다. 전화의 다양한 기능과 기술을 숙달하고 실행하는 것은 중요하다. 오늘날의 전화기는 5년 전의 전화기보다 훨씬 더 쉽게 접근할 수 있고 더 복잡해졌다. 조금 더 특별한 지식과 주의가 필요한 특별한 상황을 살펴보자.

첫째는 전화 대기 상황이다. 전화 대기 기능을 발명했던 사람은 한 번도 전화 업무를 해본 사람이 아닌 것이 분명하다. 먼저 전화한 사람을 기다리게 하고 더 중요하다고 생각하는 사람의 전화를 받고 있는 상황을 연출하는 전화 대기는 바람직한 상황이 아니다. 식당 주인이 계산대에 줄을 선 손님 중에 더 중요하다고 느끼는 사람의 계산을 먼저 해주는 것과 같은 상황이다. "손님 말고 뒤쪽에 있는 사람 먼저요"라고 한다면 당신은 어떤 기분이 들까? 분명히 기분 나쁠 것이고, 특히 자신이 특별하고 중요한 고객이라고 느낄수록 더욱 배신감이 클 것이다.

전화를 받을 때는 일대일 대화를 방해할 수 있는 상황을 만들지 않도록 한다. 만약에 불가피하게 다른 전화를 받아야하는 상황이 발생한다면 효율적으로 처리할 수 있는 조치를 마련한다. 전화를 받고 있는 상황에서 또 다른 전화가 예상된다면 현재의 전화 상대방에게 분명히 미리 밝힌다. "제가 또 다른 전화를 하나 기다리고 있습니다." 어디서, 누구에게, 왜 그런지 밝힐 필요는 없다. "얘기 도중에라도, 전화가 오면 좀 받겠습니다." 이렇게 얘기함으로써 상대방에게 적절한 존중을 받고 있다는 느낌을 주며 또한 여전히 중요한 사람이라는 것을 알린다. 대부분 긍정적으로 받아들일 것이다. 하지만 이 경우도 예외적인 상황에서만 가능하다. 어떤 이유가 됐건 다른 전화를 받기 위해 먼저 걸려온 전화를 대기시키는 것은 여전히 좋은 느낌을 주지 못한다. 전화를 대기시키는 것은, 특히 사전통보 없이 또는 허락 없이, 첫 번째 전화 대상에게 그다지 대수롭지 않다라는 것을 암시할 수도 있다.

전화에는 스피커폰 기능이 있다. 이것 또한 상대방에 대한 배려가 요구되며 적절히 다루어져야 하는 또 다른 형태의 첨단기술이다. 이런 형태의 전화통화는 업무에 도움이 되기도 하지만 어떻게 이용하는가에 따라 당신의 발목을 잡기도 한다. 일대일 전화통화이건 또는 원거리 전화회의이건, 적절한 에티켓을 보이는 것은 중요하다. 대화를 시작하자마자 상대방을 존중하는 차원에서 스피커폰을 사용한다는 통보를 하고 허락을 얻는다. 허락없이 스피커폰을 사용하는 것은 무례하고 존경심의 결여를 표현하며, 궁극적으로 당신의 목표이고 목적인 상대방과의 관계증진에는 도움이 되지 않는다.

스피커폰을 이용하거나 다자가 참여한 통화에서는, 각자 자기 이름과 직위를 스스로 얘기하기보다는 한 사람이 나서서 참석자들을 소개하는 역할을 해야 한다. 그리고 소개되는 사람은 스스로 인사를 해 이름과 목소리를 연관시키는데 도움을 준다. 통화가 시작되면, 초면 대화이기 때문에 당신의 이름과 역할을 한번 반복하여 알린다. 이렇게 하는 것이 다시 한번, 정확한 업무 연관관계를 알고자 하는 참석자들에게 도움을 주게 된다. 이야기할 때는 천천히, 충분히 큰 목소리로 그리고 또박또박 말해 이 첨단기기가 대화를 방해하지 않게 한다.

스피커폰으로 원거리 회의에 참석할 때는 이해하기 쉬운 단어, 직접적이고 간결한 문장을 선택한다. 또한 공연히 자리만 차지하지 않는다. 원거리 전화 회의에 특별히 참여하거나 기여할 것이 없다면, 여느 일반적인 미팅에서처럼, 별 필요없는 미팅에 참여해 짜증나고 스피커폰에서 나오는 주제를 쫓느라 곱으로 긴장할 필요는 없다.

스피커폰 통화도 일반 미팅과 마찬가지로 메모를 한다. 가급적이면 소개하는 과정 초기부터 메모를 시작한다. 이것은 전화통화 후반부에 가서 꼬리 질문을 해야할 경우 유용하다. 기본적인 사항들을 다시 질문할 때 애매한 발언을 하기보다는 상대방의 이름을 구체적으로 거론하는 것은 상당히 유용하다. 이렇게 함으로써 미팅의 흐름을 부드럽고 일관되게 유지할 수 있다. 중요한 포인트를 지적할 때, 주의를 끌 때에도 상대방의 이름을 호명해준다. 이렇게 하는 것이 상대방과의 연관관계를 이해하고 있다는 암시를 주고, 결국 그런 노력은 당신을 긍정적으로 반영할 것이다. 혹시 다자가 참여한 원거리 전화통화에서 여러 명을 잘 구분하고 있다면 그 외에 문제, 예를 들면 시간의 효과적인 유용성이나, 질문을 할 경우우나, 특별히 신경을 많이 써야하는 경우 등이 수월해질 것이다.

핸드폰의 출현은 사적인 전화통화의 '공공장소화'를 불러 왔다. 핸드폰 통화를 하는 사람은 길거리에서 걸으며, 차 안에서, 공공장소에서, 공항에서, 운동장에서, 공적인 도로에서, 복도에서, 계단에서 통화를 한다. 개인적인 통화일지 모른다. 하지만 사람들은 마치 핸드폰 에티켓을 잘 아는 사람인양 사적인 전화를 업무전화처럼 또는 업무전화를 사적인 전화처럼 통화한다.

핸드폰으로 업무전화를 한다면 목소리의 톤은 줄이고 사무적인 느낌이 들게 전화를 한다. 소리를 지르는 것은 뉴욕의 증권 브로커가 아니라면 업무에서는 적절하지 않다. 많이 양보한다 하더라도, 상대방은 울림 때문에 당신의 목소리를 정확하게 알아듣지 못해, 결국 잡음이 들리지 않는 곳을 찾아 우왕좌왕 할 것이다. 악을 쓰고 목소리를 높이는 것은 프로다운 이미지도 아니고, 효율성도 높이지 못한다.

또한 공공장소에서 핸드폰 통화는, 주변 사람들의 관심을 당신 통화에 기울이게 만들 것이다. 이것은 인간 본성의 한 부분이다. 더 재미있는 것은, 당신의 목소리가 신중하고, 더 낮을수록 그들의 귀는 더 민감해진다는 것이다. 사실 우리는 주변 사람들의 핸드폰 통화를 무시하려 노력한다. 하지만 비즈니스와 관련된 통화를 할 때는 관련된 정보를 무의식중에 주변 사람들에게 공개하여 발표하고 있다는 가능성에 주의하라. 민감하고 조심스럽게 처리하여 당신과 고객의 비즈니스를 존중하라.

아주 뻔한 이야기지만 핸드폰 통화와 관련한 첫 번째 에티켓은 목적지에 도착하자마자 핸드폰을 끄는 것이다. 만약 문자 메시지를 체크해야 한다면 조심스럽게 나와서 처리한다. 불가피하게 핸드폰을 받아야 하는 상황이라면 현재 유행하는 요란한 벨소리는 피하라. 당신의 핸드폰 전화 벨소리는 당신의 수준을 나타내는 통신 지표이다. 장난감을 갖고 다니겠는가 아니면 통신 기기를 갖고 다니겠는가?

Chapter 6

E-mail
이메일을 신문 헤드라인처럼

신문의 헤드라인으로 올라와서 읽기에
자랑스럽지 않는 내용은 쓰지 말라.
부드러운 관계를 원한다고
이모티콘을 남발하는 것도 좋지 않다.
그것이 비즈니스 서신이라면.

내가 비즈니스를 시작했을 때, 회사 리스트와 각 조직의 결정권자가 누구인지가 적혀있는 리스트를 따로 구입하곤 했다. 담당자들에게 편지를 쓰는 작업을 하고, 사인을 하고, 편지봉투에 집어넣어, 풀을 붙여 봉하고, 우표를 붙이느라 밤을 새우곤 했다.

그런 시절은 가고 인터넷이 등장했다. 엄청난 양의 우편은 인터넷 웹 페이지와 이메일로 대체되어, 전국 각지에서 우리 교육 프로그램과 서비스를 문의하면 이에 응대하는 작업 프로세스로 바뀌었다. 인터넷과 이메일은 대부분의 비즈니스 업무 형태를 송두리째 바꾸어 놓은 것이다. 이메일이 적당히 사용되고 배치될 때는 아주 긍정적인 영향력과 효율성이 있다. 이메일은 빠르고, 효과적이다. 세상의 모든 사람들이 어디에 있건 비용을 들이지 않고 커뮤니케이션을 할 수 있는 최선의 방법이 되었다. 며칠씩 걸리며 공간을 순환했던 끊임없는 종이들, 편지, 팩스, 전화통화 그리고 메시지들이 이메일의 일반적 사용으로 모두 사라졌다. 이메일은 전화 등장 이후에 비즈니스 커뮤니케이션에서 가장 큰 영향력을 행사하는 기술의 혁신으로 자리 매김을 한 것이다.

하지만 한편으론, 이런 획기적인 기술의 진보에도 불구하고 영원히 전통적이었던 룰을 오늘날의 첨단기술에 적용시켜야 하는 과제를 남겼다. 이메일은 다양한 문제의 집합체가 되기도 한 것이다. 이메일은 너무 광범위하게 남용되고 오용된다. 이를테면 이런 식이다. 똑같은 주제에 관해 세 번을 연달아 이메일을 주고받으며 이야기했지만 여전히 이해를 못할 때가 있다. 물론 이럴 때는 전화를 들거나 가장 오래된 방법인, 직접 몸을 이끌고 찾아가야 한다. 반복되는 이메일의 주고받음은 주제가 변덕스럽거나 실제 서신으로 다루기에는 너무 복잡해 사람간의 접촉이 필요한 때를 암시한다.

다른 훌륭한 기술의 도구들과 마찬가지로 이메일을 사용하는 데는 상당한 훈련을 통한 숙련이 요구된다. 감각 있는 비즈니스맨이라면 이메일을 커뮤니케이션의 수단으로 활용할 뿐 아니라 비즈니스 관계를 강화시키고 개선하는 도구로 활용할 것이다. 올바르게 사용된다면 비즈니스에서 이메일은 강력한 도구로 사용될 수 있다.

이메일은 언제 사용하나?

물론 특별한 때가 있는 것은 아니다. 상대방에 따라 달라질 수 있다. 그렇기에 중요한 서신을 시작할 때는 항상 물어본다. 어떻게 보내 드릴까요? 이메일로 아니면 우편으로 보내 드릴까요? 이런 방법으로 고객이 원하는 사항을 파악한다. 질문을 하는 것은, 상대방에 대한 존중과, 선호하는 형태, 기업문화, 그리고 상대와의 신뢰를 얻기 위한 것이고, 비즈니스를 시작함에 있어서 어떤 가정도 하고 있지 않다는 것을 암시하게 된다.

요즘 같이 모든 사람들이 별 선택의 여지없이, 이메일의 사용을 당연한 것으로 여기는 시대라 할지라도, 실제 교환이 가능한 인쇄 출력물을 원하는지를 물어보는 것에 대해 놀라지 마라. 물론, 둘 다 원하는지를 물어보는 것도 아주 적절하다. 왜냐하면 사람들은 실제 상품을, 카드를, 브로셔를 또는 프리젠테이션을 보고, 느끼고, 만져보고 싶어하고, 비즈니스의 주체인 상대방, 다시 말하면, 당신과 당신이 대표하는 회사를 가늠하기 위해, 사용하는 문구류의 수준, 프린팅에 표현된 인쇄수준, 그리고 다른 요소들을 판단하고 평가하고 싶어한다.

이메일과 홈페이지는 다양한 테크닉을 이용해 디자인하고 제작할 수 있다. 하지만 나는 사람이나 기업을 알기 위해선 이런 홈페이지에 사용된 하이테크보다 그가 사용하는 명함과 회사 브로

셔, 그리고 색상을 사용해 인쇄된 회사 문구류와 디자인 등으로 상대방을 더 정확하게 알 수 있다고 믿는다. 양질의 인쇄물과 문구류를 사용하는가? 정보를 전달하는 방법은 프로다운가? 상대방이 사용하는 이런 실물적인 형태들이 상대방의 회사와 개인을 더 잘 반영하기 때문이다.

어떤 정보도 이메일을 통해서 교환이 가능하다. 하지만 좀 더 민감하고 보안이 요구되는 비밀스런 정보들은 전화를 통해서, 팩스를 통해서, 또는 직접 사람에 의해 교환되어야 한다. 이런 관점에서 보면 이메일의 사용은 신뢰감이 많이 가지 않는다. 비즈니스 서신은 객관적이이야 하고 신중함이 중요하다.

주요 신문의 헤드라인으로 올라와서 읽어도 자랑스럽지 않을 것 같은 내용은 이메일에 절대 쓰지 마라. 이것은 비즈니스에서 지켜야 할 이메일 룰 중 하나이다. 심지어 아주 미미한 해를 끼칠 가능성이 있는 이메일도 공식화할 가능성이 있다면 보내지 마라.

이메일을 효율적으로 만드는 몇 가지 방법

직접적이고 간결한 제목을 만들어라

제목은 당신의 첫 인상과 서신의 의도를 함축한다. 수신된 당신의 이메일은 '삭제' 버튼으로부터 한 뼘 위치에 있다. 업무와 관련한 집중도를 반영하라.

이메일 주소에만 의지하지 마라. 제목란을 이용해 수신자에게 직접적으로 당신을 밝혀라. 프로 비즈니스맨들은 꽉 찬 '받은 메일 편지함'을 펼친 후 거의 눈 깜짝할 짧은 순간에 읽을 것인지 삭제할 것인지를 결정한다. 이상하거나 의심이 갈 만한 제목은 바로 삭제되거나 스팸 처리될 것이다. 지능적인 이메일 바이러스와 해악의 기술들은 실제 현실에서 존재한다. 이메일을 열었을 때 바로 비즈니스 서신이라는 것이 확인되어야 한다.

우리가 정보라고 판단하는 유일한 기준은 제목이 결정한다. 농담을 보내거나, 자동으로 회람되거나 생성되는 메일, 그리고 업무와 관련이 없는 메일은 열지 마라. 이메일을 존중해야 하지만 사용 역시 신중해야 한다.

경어를 사용한 인사말을 하라

많은 사람들이 이메일에 익숙하지만 인간미 없는 커뮤니케이션을 한다. 이메일을 쓸 때는 마치 편지를 쓰듯, 부드럽고 인간적인 느낌이 나게 한다. 인사말은 "존경하는" "안녕하십니까" "인사 드립니다" 같은 표현을 사용한다. 모두 존경을 표시하며 성실함이 배어 있다. "수고하세요"보다는 조금 더 경구를 사용한 맺음말을 한다. "안녕히 계십시오" "읽어 주셔서 감사합니다" 등이 일반편지에 사용되는 표현들이며 이메일에도 적절하다. 나는 제안서를 보내거나 형식을 갖춘 이메일을 쓸때는 "존경과 함께"라는 표현을 특히 좋아한다. 요즘에는 거의 보기 힘든 표현이며, 진정성만 담긴다면 존경을 표시하기 때문에 긍정적인 작용을 한다.

이메일 서신에서 오타란 인정되지 않는다. 대부분의 소프트웨어에는 스펠링 체크 기능이 있기 때문이다. 스펠링 오타는 메일을 받는 사람에게, 스펠링을 체크하기 위해 단 몇 초의 시간도 할애하지 않았다는 것을 암시한다. 상대방은 어떻게 받아들일까? 이런 친구가 다음에는 무엇을 빼먹을까? 업무의 세세함에는 또 얼마나 부주의할까? 문법 체크가 되지 않은 이메일을 보내는 것은 결코 긍정적인 결과를 가져오지 않을 것이다.

정확한 문법을 사용하라

요즈음 젊은 직장인들은 새로운 언어를 개발해서 실제 커뮤니케이션에서 사용한다. 축약 형태의 텍스트 메시지나 다른 재미있는 비언어적인 표현들은 친구들과의 이메일 커뮤니케이션에나 사용하라. 업무에 관련된 커뮤니케이션에서는 사용하지 않는다. 프로의 세계에서, 당신에 대한 확신을 갖던 중 이메일에 "알겠슴다" 같은 표현이 있다면 감명받을 사람은 거의 없다라는 사실을 기억하라.

간결하게 표현한다

모니터 한 화면으로 볼 수 없을 정도로 긴 문장은 디지털 양식에는 적절하지 않다. 이메일은 효율적인 통신 수단이지만 유일한 방법은 아니라는 것을 기억해야 한다. 팩스와 전통적인 우편도 전달하고자 하는 정보를 틀림없이 전달하는데 있어서 훌륭하고 고려할만한 방법들이다. 시간이 걸리는 서신 메일은, 아마 원하는 바를 상대방에게 더 정확히 알릴 수 있는 방법이다. 형식을 갖추어 제안하는 제안서나 기획서는 직접 보내는 전형적인 우편 메일이어야 한다. 성격과 길이에 따라 다른 방법이 더 영향력이 있고 더 잘 어울린다고 생각되면 꼭 이메일로 보내야만 된다는 강박 관념을 가질 필요는 없다.

강조점을 사용하라

많은 전문가들은 직접 읽고, 종이에 직접 표시를 하기 위해 이메일을 인쇄해 보는 것을 선호한다. 멋진 페이지 셋업, 자세한 설명과 효율적인 발표를 고려하여 공간, 강조점 이용, 목록표를 사용하고 그 외에 필요한 표시 기능들을 사용하라. 강조점은 중요한 내용을 강조할 수 있고, 숫자는 효과적이다. 하지만 나라마다 특정한 숫자들은 재수 없고 불쾌한 느낌을 줄 수 있고, 심지어는 죽음까지 암시할 수 있음을 알라. 그러므로 강조점으론 별표 사용이 일반적이고 문제가 생길 소지를 없앨 수 있는 대안이다. 또한 단락 간에 공간을 두는 것을 잊지 말라. 명확함을 위하여 단락 간 공간을 남긴다.

적절한 예의를 갖추어라

이메일이 고객과의 접촉에서 적당한 수단이라고 생각했다면, 이메일은 실질적으로 모든 커뮤니케이션의 방법이 될 수 있으며, 형식을 갖추어 회사를 소개하는 도구로 활용될 수도 있다. 예의를 갖춘 형식과 태도를 보여라. 상대방이 특별히 요구를 하지 않는 한 "선생님" "대리님" "○○씨" 등의 존칭 쓰기를 권한다. 상대방과 편안한 관계 정립을 의도한 편한 호칭을 사용한다 할지라도, 가급적이면 조금 더 보수적이고 더 자주 존칭을 사용하면 상대방은 당신의 적절한 무게를 느낄 것이다.

이메일 소개 시 양쪽 모두에게 익숙한 지인을 활용하라

오늘날 이메일로 회사나 자신을 소개하는 것은 일반적이다. 대부분의 비즈니스맨들은 모르는 사람이 이메일을 보낸다 하더라도 그렇게 불쾌해하지 않는다. 하지만 가능하다면, 당신을 긍정적으로 소개하기 위해 양쪽으로부터 신뢰받고 있는 제삼자의 이름을 이용하라. 그렇게 해서 이메일을 보낸다면, 바로 첫 번째 줄에 그 사람의 이름을 거명한다. "선생님에게 바로 연락을 할 수 있게 도움을 준 ○○○에게 감사를 전합니다." 그런 이메일이라면 빨리 읽을 수 있게 내용을 간략하게 써야 한다. 당신의 이메일은 도착하는 순간 바로 공격을 당하거나 또는 삭제될 위험에 처하기 때문에 즉시 상대방의 주의를 끌 수 있어야 한다. 신뢰를 얻고 존경의 느낌을 표시하기 위해 프로다운 형식, 전달, 작성 스타일, 그리고 글의 길이 같이 세심한 것들에 주의를 기울일 필요가 있다. 이메일은 이미 진행되는 업무에 사용되고, 후속조치를 하고, 확정을 짓고, 갱신하고, 그런 유사한 것들을 처리하는데 용이하다. 하지만 이미 본격적인 업무 관계에 있을지라도 이메일 에티켓은 여전히 적용되어야 한다.

개성있는 스타일을 유지하면서도 상대방 기업문화와 스타일에 순응하라

당신의 비즈니스 전문성 수준과 개인적인 스타일을 유지하는 것은 의미가 있다. 고객은 당신의 분야에서 거의 완성된 전문가로서 찾아온다. 당신의 목표는 신용을 얻고 관련 분야의 전문성을 발산하는 것이다. 형식을 덜 강조하는 기업과의 업무 중 이메일 서신에서 편안한 호칭을 쓰는 것은 전혀 문제가 안될 것이다. 하지만 이메일 서신에서 너무 아늑한 사이를 유지하고자 하는 유혹을 떨쳐 내라.

이메일 감사 서신(Thank-you Note)

이메일로 감사 서신을 보내는 것은 가능할까? 물론 가능하다. 기업 문화에 따라 약간 다르겠지만. IT문화에 익숙한 회사들은 이메일로 보내는 감사 편지를 더 선호하고 다른 서신도 전부 이메일로 주고받는다. 문제는, 어떤 기업들이 이런 스타일을 선호하는지 알아 상대에 맞게 반응해야 하는 것이다. 형식을 조금 더 강조하는 정서를 가진 기업들은 이메일 감사 편지를 성의없는 걸로 해석할 수도 있다. 그들은 양질의 종이에 검정 잉크로 눌러 쓴, 시간을 초월한 전통적인 우표가 붙여지고 우체국 날인이 찍힌, 손으로 직접 쓴 감사 편지를 존경을 표시하는 올바른 매너로 이해한다. 이메일을 이용해 빠른 감사 편지를 보내고, 동시에 손으로 직접 쓴 감사 편지를 우편을 이용해 보내는 것도 틀린 방법은 아닐 것이다. 이렇게 함으로써, 당신의 고객 앞에 다시 한번 당신의 이름과 브랜드를 소개할 수 있다. 두개의 방법을 다 사용하는 것도 고려해볼 만하다.

등가의 방법을 사용하라

미국에서 공식적으로 8번째 손가락 안에 드는, 뉴욕에 있는 한 회계 법인에서 강연한 적이 있었다. 강연에는 회사의 사장과 그의 부인이 참석했다. 다음 날 보스턴에 있는 사무실로 돌아와서 회사의 사장이 보내온 감사의 이메일을 받았다. 그와 그의 부인 그리고 회사의 직원들이 강의가 정말 좋았다고 평가를 했다는 것이었다. 나는 사장이 이메일을 쓰기 위해 그렇게 빨리, 사려 깊은 노력과 시간을 투자했다라는 것에 대해 약간의 감동을 받았고 기분이 우쭐해지기까지 했다. 하지만 그건 이메일 감사 편지였다. 그때 만약, 내가 편지지에 감사의 말씀이 담긴 인사말을 쓴 후 우편을 이용해 보냈다면, 아마 그 고객은 자기를 교육시킨다고 생각할 수도 있었을 것이다. 적절치 않은 회신이 될 것이 뻔했다. 대신에 '회신' 키를 눌러 같은 방법으로 초청해줘서 감사하다는 이메일을 보냈다. 하지만 청구서를 동봉한 우편을 보내면서 감사의 인사를 쓴 실제 편지를 같이 동봉했다. 관계 정립과 거울법(Mirroing)을 사용한 것이다. 동등한 방법으로 커뮤니케이션을 하는 것은 친근감을 만들기 위해서 적당한 것이다. 항상 관계 증진이 목표인 것이다.

빠른 후속 이메일을 보내라

개인과 기업의 스타일, 그리고 선호하는 방식을 알아내 이메일에 적용하라. 전통적인 굴뚝기업들에 후속 이메일을 보낼 때는 많이 서두르지 않아도 되지만 하이테크 기업이라면, 업무 미팅 후 사무실로 돌아와 즉시 이메일을 보낸다. 기억할 것은, 만남과 그 후 이메일 보내는 시간이 더 길수록 당신의 제스처는 영향력이 작아진다는 것이다. 물론, "나중에 보내야지"라고 하기 쉽지만, 가급적 "오늘 귀중한 시간을 내서 만나 주신데 감사하지 않고는 그 하루를 넘기지 못할 것 같습니다"라고 한다면 더 할 나위없는 후속 이메일이 될 것이다. 이런 방법으로, 후속 이메일은 당신이 누군지를 다시 한번 상기시키고, 당신과 당신의 브랜드에 관해서 긍정적인 인상을 남긴다. 또한 빠른 후속 이메일은 시간을 내서 만나준 상대의 노력에 대해 평가를 하는 당신의 진지한 면을 보여주기도 한다. 시간은 돈이다. 상대방은 당신에게 가치 있는 선물을 증정했다. 그들 자신과 그들의 시간을. 따라서 당신도 그들과의 미팅 후 가급적 빨리 감사의 메일을 보냄으로 당신의 마음을 전하는 것이다.

빠른 회신은 모든 서신에서 중요하지만 특별히 국제 비즈니스 커뮤니케이션에서는 더욱 중요하다. 국제 비즈니스 당사자들은 이미 거리와 시간 차이 때문에 많은 제약을 받는다. 비록 나중에 실물을 받아야 되는 상황이라도 회신은 즉시 하라. 파트너에게 현재 실물이 가고 있는 중이고 거기에 대한 조치를 하고 있다는 것을 알려라. 상대방이 당신의 공식적인 회신을 기다릴 땐 구체적인 기한을 밝히고, 밝혔다면 존중하라.

일상적인 이메일 실수들

모든 사람들은 실수를 한다. 매일 수많은 이메일을 다루어야 하는 상황을 고려한다면 어쩌면 당연하다. 일상적이고 흐름이 빠른, 이메일이라는 매개는 사람들에게 많은 실수를 할 기회를 제공한다. 다음은 주의해야할 일반적인 이메일 실수들이다.

상대방과 친하다고 생각하고픈 욕구를 버려라. 특히 상대방과의 관계가 이제 시작되는 단계라면, 사소한 실수도 오해의 소지가 될 수 있고 비즈니스 관계 자체를 망칠 수 있다. 이메일로 커뮤니케이션을 할 때는 일정한 거리를 갖고 친밀함의 경계선을 넘지 말아야 한다. 이메일이라서가 아니라, 농담은 대면 커뮤니케이션에서도 문제가 될 수 있다. 인터넷에 떠도는 농담을 첨부하거나 이모티콘을 이용한 문자는 피하라. 어떤 사람에게는 재미있는 것이 다른 이에게는 모욕적이 될 수 있다. 이런 것들로 업무 자체를 망가뜨리는 결과를 만들 필요는 없다.

삭제 버튼을 신뢰하지 마라. 이메일은 영원하다. 의도하지 않은 것을 보내면서 삭제 버튼이 당신을 구할 수 있다고 가정하지 마라. 오늘날 삭제한 이메일을 복구하는 것은 불가능하지 않다. 공무원을 포함한 거의 모든 이메일 수신자가, 당신이 생각하기에 "오래전에 사라졌겠지"라고 간주하는 이메일을 복구할 수 있다. 심지어는 컴퓨터 도사라고 하는 사람들도 이러한 상황을 간과하곤 한다. 마이크로소프트의 빌 게이츠 회장은 삭제됐다고 생각했던, 라이벌 회사를 방해하기 위한 자세한 전략이 담긴 이메일이 망령이 되어 나타나 그를 법정에 서게 했다. 주요 일간지에 머릿기사로 실려도 부끄럽지 않을 정도로 자신감이 있는 이메일이 아니라면 절대 보내지 않는 것이 가장 최선의 방법이다. 이메일 하단에 일방적으로 '기밀'로 분류했다 하더라도, 그런 것이 존중되기를 기대하지 마라. 오늘날 이메일 정보들은 독감보다 더 빨리 퍼질 수도 있다. 이런 사고를 방지하는 유일한 수단은 이메일 내용이 중요한 기밀사항이어서, 적절하고 조심스럽게 취급해야 한다면 절대 '보내기' 버튼을 누르지 않는 것이다.

사람들이 보면 안되는 내용을 실수로 이메일이나 우편을 통해 보냈다면 어떻게 하는 것이 좋을까? 바로 행동에 돌입하라. 가급적 빨리 수취인에게 교정된 이메일을 보낼 수 있다면 더 낳은 결과를 얻을 것이다. 교정된 이메일을 보내면서, 다음과 같은 제목을 포함시켜라. "이전에 보냈던 내용은 무시하여 주시길 바랍니다"

첨부파일은 이메일에선 약이자 독이다. 이메일을 통해서 발신하는 첨부파일은 의심할 바 없이 편하지만, 때로는 문제를 야기하기도 한다. 용량이 큰 메일은 속도를 느리게 하고, 바이러스와 다른 위험성을 옮기는 독이 될 수도 있다. 한번은 잘 나가는 홍보회사에 제안서를 요구한 적 있었다. 홍보회사는 이메일에 두 개의 첨부파일을 보냈다. 첫 번째 파일을 열자마자 바이러스에 감염됐다. 이러한 경험은 거래 자체에 대해 재고를 할 만큼 끔찍한 기억으로 남았고, 부정적인 인상을 남겼다. 파일을 첨부할 때는 상대방 회사에 대한 예의와 존중의 차원에서 더욱더 주의를 기울여야 한다. 아차 했다가는 컴퓨터를 다운시킨 이메일의 장본인으로 기억되는 것이다.

지속적인 기술의 발전 덕택에 이메일에 인상적인 시각효과를 주는 방법은 많다. 자기가 속한 회사의 로고를 삽입하거나 사인을 스캔 받아 삽입하기도 한다. 하지만 이러한 시각효과는 가급적 절제해 사용하는 것이 좋다. 이모티콘이 아무리 깜찍하다고 해도 업무 관련 서신에서는 일반적으로 사용하지 않는다.

Chapter 7

Dining Skills
마지막 도넛은 먹지 마라

식사 테이블은 먹고 마시는 잔치상이 아니다.
당신의 고객에게 비즈니스맨으로서의
당신을 부각시켜야 하는 극적인 오디션 장이다.

비즈니스에서 식사만큼 일반적인 것은 없다. 하지만 무심히 지나치다간 평범한 식사 테이블도 지뢰밭이 될 수 있다. 어떤 임원이 자기 회사 직원을 고급 레스토랑으로 불렀다. 지금 바로 나가도 회사를 대표할 수 있을 만큼 잘 빼입은, 가진 것이라곤 능력 밖에 없는 그 젊은 직원은 그만 랍스터 수프 그릇을 들어서 마시는 치명적인 실수를 저질렀다. 한 그릇의 랍스터 스프는 능력 있는 젊은이의 모든 기회를 앗아갔다. 그의 승진은 멈추었다. 임원은 그 직원이 아직 준비되지 않았다고 생각한 것이다.

식사 테이블 에티켓은 당신의 업무 외적인 능력과 당신의 파트너인 고객에 대해 존경을 표시하는 방법이다. 당신이 적절한 에티켓, 예의, 방법에 주의를 기울여 당신을 차별화시키고 경쟁자보다 우위에 설 수 있는, 무수히 많은 '작은 차이'를 제공하는 기회다. 비즈니스 거래 중 식사시간에 발생한 실수 때문에 자리에서 미끄러졌거나 비즈니스가 물 건너 간 사례는 수없이 많다. 실제로, 나는 NEHRA(미국의 유력한 헤드헌팅 회사)의 매니저로 근무할 때, 특별히 지원자의 테이블 매너 수준을 파악하기 위해 3차 면접은

레스토랑에서 진행시키곤 했다. 임직원을 고용하는 기업으로서는 회사를 대표하는 직원들이 고객과 교류할 때 회사를 당황하게 만들지 않기를 원하기 때문이다.

성공적인 식사 매너는 첫 번째 코스가 시작되기 훨씬 전, 레스토랑을 선정할 때부터 시작된다. 올바른 테이블 매너는 비즈니스 파트너의 선호도라든가 선택을 존중해서, 초대를 하는 사람이 레스토랑을 선택한다. 초대하는 사람이 주도권을 가지며 레스토랑을 결정하기 때문에 고객이 선호하는 레스토랑을 미리 알아내고 참고할 수 있어야 한다.

새로운 고객과의 첫 번째 미팅이라면 상대방이 선호하는 음식과 레스토랑을 어떻게 알아내는가? 최선의 방법은 상대가 알고 있는 지인이나 동료를 통해서 알아내는 것이다. 물론 이것이 유일한 방법은 아니다. 부하 직원을 통해서 알아낼 수 있고, 정보를 얻기 위해 아주 창의적인 방법을 시도할 수도 있다. 그러한 것들을 알아내는게 힘들거나 귀찮다고 생각한다면 고객과 점심을 할 수 있는 기회를 가질 필요도 없고 자격도 없다.

당신이 프로 비즈니스맨이라면 당신의 능력을 강화시키고 당신의 긍정적인 이미지를 강조하기 위해서 식사 전에 해야 할 몇 가지 준비 사항이 있다.

레스토랑 입구에서 테이블 자리가 나기를 기다리는 것은 바람직하지 않다. 사전 예약은 필수적이다. 고객이 당신을 기다려서는 안된다. 레스토랑에 최소한 10분 전에 미리 도착한다. 이렇게 함으로써 담당 웨이터에게 당신을 소개하고 원하는 자리를 선택할 수 있는 기회를 가질 수 있다. 계산서의 매끄러운 처리를 위해 당신의 신용카드를 담당 웨이터에게 사전에 맡겨 둔다. 초대를 한 호스트로서 계산을 하는 것은 당신의 몫이라고 당연히 생각하겠지만, 이렇게 함으로써 계산서가 얼떨결에 테이블에 도착했을 때 생길 수 있는 어색한 상황을 제거할 수 있다. 계산서가 테이블로 전달되는 것은 당신을 어설픈 비즈니스맨으로 인상지을 것이다.

이런 사전 준비는 당신의 프로페셔널한 이미지를 조명하게 만들어 사려깊다는 느낌을 준다. 당신의 사려깊은 사전 준비는 과소평가되거나 간과되지 않을 것이다. 게다가 이런 사전 노력을 하면서 생기는 긍정적인 또 다른 효과는 테이블을 담당하는 웨이터나 레스토랑의 업주가 종종 테이블을 찾아와, 아니 어쩌면 수도 없이, 이 중요한 저녁행사를 체크할 것이다. 또한 그렇게 조심스러운 사전 준비를 한다면, 레스토랑 직원들에게는 당신이 아주 특별하고 굉장히 중요한 사람과 식사를 한다는 힌트를 주게 되는 것이다. 이런 서비스업에 근무하는 사람들은 작은 뉘앙스를 이해하고 상황에 맞는 적절한 행동을 할 것이다. 당신의 파트너가 남다른 느낌을 갖게 될 것은 당연하다. 당신의 목표이기도 한, 신뢰를 얻고 관계증진에 도움이 되는 방향을 정확히 잡고 향해가는 것이다.

테이블 매너

당신의 고객이 도착하기 전에는 착석해 있지 말라. 입구에서 기다려라. 물론 서 있어야 한다. 고객이 도착하면, 테이블 의전과 매너는 시작되는 것이다. 성별에 관계없이 고객이 상의를 벗는 것을 도와라. 또한 성별에 관계없이 고객이 먼저 들어갈 수 있게 문을 열어 도움을 준다. 웨이터를 따라 고객이 먼저 들어가고 당신은 살짝 뒤쪽에서 걸어라. 글로벌 비즈니스 환경이고, 유럽에 출장 중인 경우라면, 초대를 한 호스트가 먼저 들어가 문을 향하게 테이블 한쪽 끝자리에 앉는다. 안전함을 확보하는 차원에서 호스트가 먼저 레스토랑을 가로질러 걷는 유럽식 테이블 의전이다. 미국에서는 호스트가 게스트에게 양보해 게스트가 먼저 들어가게 배려한다.

내가 만났던 남성들은 보수적이어서 그런지 예외 없이 여성인 나에게 먼저 웨이터를 따르게 양보를 하여 경의를 표했다. 이때, 어떻게 이 순간을 우아하고 태연히 관리해야 할까? 고객에게 앞에 설 것을 제안하거나 제스처를 한번 보인다. 이런 제스처 후에 고객이 양보를 할 경우에는 정중히 받아들인다. "아니예요" "먼저 들어가시죠" "아~ 정말 아닌데"라고 하며 어색한 상황을 만들지 않는다.

테이블에 도착했다면, 가장 전망이 좋거나 편한 자리를 손님에게 권한다. 손님의 앞 또는 대각선으로 앉아야 하는 선택이 주어진다면 대각으로 앉길 바란다. 기억하길, 당신은 인맥을 쌓는 중이다. 고객과 대각으로 앉는 것은, 마주보고 앉았을 보다 테이블이 장벽 역할을 하는 것을 제거할 수 있고, 개인적인 친밀관계를 증진하는데 효과적이다.

테이블에 앉았다면 시간을 체크하라. 당신의 고객에게 직접 묻는다. "오늘 시간이 어느 정도 가능하신지요?" 이렇게 질문함으로써 고객이 얼마만큼의 시간을 할애할 수 있는지 알 수 있다. 시간관리를 잘 하라. 웨이터에게도 알려 적절한 시간 배분을 할 수 있게 하라. 이해하고 감사해 할 것이다. 고객은 다음 스케줄을 고려한 당신의 배려를 긍정적인 요소로 기억할 것이다.

음식 주문 과정은 당신을 빛나게 하고 잘 다듬어진 테이블 매너를 실행할 수 있는 또 다른 기회다.

메뉴에 있는 가장 비싸거나 가장 싼 아이템은 주문하지 않는다. 적절한 메뉴를 권장한다. 진부하게 "회사가 지불하는 것이니 부담 갖지 마시고 비싼 걸 고르시죠" 하지 말고 메뉴를 보면서 손님과 조율하고 편하게 만들어라. 구체적이고 다양한 메뉴를 적절하게 권장하길 바란다. "이 집은 연어가 특별히 괜찮습니다" 또는 "포터 하우스 스테이크를 한번 먹어봤는데 훌륭했습니다"처럼 부드럽게 권장하면 된다. 주 요리는 물론이고 가벼운 샐러드, 스프에서부터 파스타 또는 필레미뇽까지 다양한 아이템을 구체적으로 권장하라. 이렇게 함으로써 고객은 가격에 신경쓰지 않고 실제 본인이 좋아하는 어떤 음식도 편하게 고를 수 있다.

손님의 입장에서도 룰은 똑같이 적용된다. 중간정도의 가격에서 주문한다. 호스트가 자유롭게 먹고 싶은 음식을 골라 보라고 했을지라도, 이것이 메뉴 중에서 가장 저렴하거나 가장 비싼 음식을 고르라는 의미는 아니다. 중간정도의 가격대에서 고를 수 있는 중용은 여전히 중요한 선이다.

주문하는 에티켓은 호스트의 오른쪽에 앉아있는 주빈이 먼저 주문하고, 그런 후 여성 참석자가 주문하고, 남성 참석자 그리고 호스트가 맨 나중에 주문한다. 이러한 주문 순서는 미리 웨이터와 얘기해 그냥 앉은 순서대로 테이블을 쭉 돌며 주문을 받지 않도록 귀뜸해 둔다. 적절한 주문 방법은 웨이터의 관심사가 아니고, 호스트인 당신의 관심사이다.

'오늘의 요리'와 메뉴에 있는 아이템 중 가능하지 않은 것을 물어본 후 주문하라. 적합한 어구, 즉 주문할 때 유용한 권위 있는 표현을 사용하라. "저는 달팽이를 한 후에 주 요리로 양갈비를 하겠습니다"와 같이 "저는 무엇 무엇으로 하겠습니다"라는 표현을 사용한다. 종종 레스토랑에서 들을 수 있는 "양갈비 있습니까?"라는 유약한 표현은 프로다운 모습을 손상시키며 주인공이 아닌 조연 역할을 의미할 수 있다. 양갈비? 물론 있다! 당신은 고객이다. 그러니 언제나 권위 있고 단호하게 주문하라. 이런 당신의 이미지는 업무영역으로도 이어진다. 레스토랑에서 권위 있게 음식을 주문하는 당신의 모습은, 그 다음 어디까지 확대될 수 있겠는가? 다시 말하면, "나는 당신의 비즈니스 파트너가 되고자 합니다"이다. 누구도 확신 없고 유약해 보이는 사람과 비즈니스 파트너십을 만들고자 하는 사람은 없다.

고객은 스프, 샐러드 그리고 주 요리를 주문했다. 당신은 가벼운 샐러드만 하고 싶다. 어떻게 해야 하나? 비록 식사 의욕이 없더라도 상대방의 주문과 대등하게 주문하라. 코스 대 코스로. 그렇게 하는 것이 고객을 편하게 한다. 이 상황에선 어릴 때 부모에게 들었던 "음식을 남기지 말아라"라고 하는 식탁 예의는 두 눈을 감고 잊어버려라. 먹고 싶은 만큼만 먹고 고객이 먹는 동안 나머지 음식은 조심스럽게 남겨라. 고객이 혼자 음식 먹는 것을 보고 있거나 혼자 음식을 먹는다는 듯한 어색한 상황은 피하라.

고객은 와인을 원하는 것 같다. 하지만 당신은 와인이 별로 '땅기지' 않거나 술을 아예 하지 못한다. 어떻게 할까? 알코올과 관련한 에티켓은 다음과 같이 이해하라. 당신 고객의 주문과 꼭 매치를 시킬 필요는 없다. 많은 사람들이 다양한 이유로 술을 마시지 않는다. 그럴 때는 그냥 물보다는 조금 다른 음료를 주문한다. 탄산수나 주스 같은 것들을 고려해보라. 와인 주문은 호스트 책임이다. 그렇지만 당신의 고객이 와인 애호가라면 지식을 뽐낼 수 있는 좋은 기회이기 때문에 기회를 제공하는 것도 아량 있는 행동이다.

고객에게 와인을 고를 것을 제안했다. 이럴 때는 어떻게, 눈이 튀어나올 정도로 비싼 와인을 고르는 것을 방지하나? 호스트가 와인 제안을 할 때, 와인리스트의 가격을 조심스럽게 참고하여 지불 가능한 와인을 살짝 언급하면 주빈은 상한 가격을 이해할 것이다. 상황에 따라 유머도 도움이 된다. "이런, 이 와인회사 주식을 삽시다." 어떤 방법이 됐건, 이 상황을 관리해야 하는 당신의 위기를 넘기고 책임을 다하는 것이며, 상대방은 끌려가는 느낌이 들지 않게 하여, 적절히 임무를 마칠 수 있다.

비즈니스 식사는 종종 간단한 업무 이야기나 상품 프리젠테이션으로 연결된다. 언제, 어떻게, 그리고 그런 방법이 옳은지, 옳지 않은지에 관한 질문에 딱히 정해진 답이 있는 것은 아니다. 하지만 식사 후까지 기다린다면 식사 후 자리를 뜨려는 고객을 뒤에서 쳐다봐야 하는 상황이 발생할지도 모른다. 식사 중이라면 식사의 즐거움과 대화의 흐름을 망칠 수도 있다. 그러므로 음식을 권장하고 주문할 때를 이용해 10여분 가량 큰 개요를 끄집어내고, 질문이 있다면 식사 중 자유롭게 물어볼 수 있다. 이렇게 함으로써 정해진 시간을 가장 생산적으로 활용하여 원했던 이야기를 할 수 있고, 전체적인 식사 시간을 잘 관리할 수 있다. 오찬 시간에 업무 대화가 진행된다면, 상품 프리젠테이션은 간단하고 간결해야 한다.

일반적으로 주요 식사시간에는 업무 대화를 하지 않는다. 불가피하게 업무 대화를 하려면 식사 후 또는 디저트가 시작될 때 한다. 실제 대부분의 프라이빗 클럽이나 많은 레스토랑에서는 식사 중에 노트북 컴퓨터, 핸드폰, 그리고 다른 업무 관련 기기 사용을 금지한다. 메모를 하기 위해 노트를 꺼내 놓는 순간, 내가 실제 경험했던 것처럼, 정중하게 치워 달라는 부탁을 받을 수 있다.

마지막으로, 음식을 먹기 위해 상체를 굽혀 입을 접시 가까이 대고, 마지막 도넛을 주저 없이 집을 때 투영되는 이미지는 그다지 긍정적이지 않다. 당신은 가장 안정된 자세, 프로다운 처신을 하려고 노력하는 중인데, 꿀이 잔뜩 든 꽈배기 도넛을 찾으려 접시로 머리를 내리 꽂는 것은 당신의 이미지를 순식간에 격하시킬 것이다. 그리고 무엇을 하건, 마지막 도넛은 손대지 말라.

건배(Toasting)

건배는 두가지 다른 형태로 진행되며, 또한 관련된 몇 가지 매너가 있다. 첫 번째 경우는 친구나 가족과의 식사처럼 덜 형식적인 자리로, 식사 시작 전에 호스트가 제안한다(글래스는 다섯 손가락이 아닌 세 손가락만을 이용하는 것이 센스다). 호스트는 상체를 손님들을 향해, 참석자들 개개인과 시선을 마주치며, 행사에 참가해 준 것에 대해 감사의 환영사를 한다.

두 번째 경우는 중요한 비즈니스 식사라던가 하는 조금 더 형식을 갖춘 형태로, 주 요리가 끝나고 디저트가 시작되면서 호스트가 제안한다. 호스트는 의자에서 일어서서 와인 잔, 때로는 물 잔도 될 수 있겠지만, 또는 전통적으로 샴페인 잔을 든다. 테이블에 있는 모든 사람과 시선을 마주치고, 특별히 주빈에게 초점을 맞추며 건배를 제안한다.

건배와 관련한 중요한 룰은, 주빈인 당신을 위해 건배가 제안됐을 때 당신은 마시지 않는다. 호스트가 건배를 제안한 후 자리에 앉고 나면, 당신은 잔을 들어 양옆에 있는 사람들과 잔을 부딪히고, 테이블 앞쪽(간격이 많이 떨어진 넓은 테이블인 경우)에 있는 참석자들과는 눈높이로 잔을 들어 눈을 마주친다. 그런 후 당신을 제외한 모든 사람들이 마신다. 당신이 주빈이라면 당신은 마지막에 마실 수 있다.

우리는 살아가며 개인적으로 또는 업무와 관련한 많은 건배를 하고 또 받아들인다. 건배를 하나의 기회로 활용해 당신을 빛나게 하라. 건배 제안은 연습이 필요하다. 동료들과 건배를 할지라도, 어떻게 얘기해야 할지 모르거나, 또는 그냥 사람들 앞에 서는 것 자체가 불편한 사람들이 많다. 당신이 직접 건배를 제안받을 가능성이 거의 없는 모임이라 할지라도 사전에 무엇인가를 준비하는

게 현명하다.

간단한 예를 들자면, 내가 선호하는 건배사는 "오랜 그리고 새로운 지인 여러분들에게 건배를 제안합니다. 건배!" 또는 이건 내 친구들과 동료들에게 들은 건배사인데, "항상 나뭇가지의 가장 바깥 부분을 향해서! 그곳에서 여러분들은 가장 달콤한 열매를 발견할 것입니다." 시간을 갖고 여유있게 건배사를 한다. 좋은 건배는 항상 따뜻함, 성실함, 그리고 시선을 마주치며 해야 하고 그럴 때 훌륭한 건배사로 받아들여 질 것이다.

무언의 서비스 코드

식사가 끝났다는 표시는 당신을 기준으로 11시 20분 시계바늘 방향으로 나이프와 포크를 놓으면 "식사가 끝났습니다"라는 무언의 서비스 코드가 된다. 웨이터에게 식사가 완전히 끝났다는 시그날을 보내는 것이다. 주의할 점은, 유러피안 스타일은 포크의 움푹 패인 쪽이 항상 하늘을 향하고 아메리칸 스타일이라면 접시를 향한다.

모든 비즈니스 다이닝이 똑같이 진행되지는 않는다. 어떤 음식들은 조금 더 주의가 필요하다. 식사 매너나 에티켓을 따르기 위해서 특별한 주의가 필요한 몇 가지 상황이 있다.

식사 자리에서 행하는 면접이 있다. 기업들은 왜 면접을 레스토랑에서 진행할까? 기업의 채용 담당자들은 지원자들이 회사를 대표하는 자리에 나가 고객들과 식사를 하는 자리에서 좋은 테이블 매너를 보여 기업의 이미지를 망가뜨리지 않기를 원한다. 테이블 인터뷰는 다른 인터뷰 같지 않고, 당신이 늘 해왔던 식사 테이블 같지도 않다. 지원자들의 운명은 테이블에서 보여지는 적절한 또는 적절하지 못한 테이블 매너에 달려 있다.

음식이 도착했고, 당신은 항상 스테이크나 샐러드에 후추를 뿌려 간을 맞춘다. 음식을 맛보기 전에 소금과 후추를 뿌리는 것은 적절한가? 한 마디로 "노"이다. 음식을 맛보기 전에 절대 후추를 뿌리지 않는다. 이유는? 당신은 세심하게 평가하기 전에 이미 큰 결정을 한 셈이다. 이 음식이 양념이 필요한가를 판단하지 않은 상태로 말이다. 내가 만나본 인재채용 담당자들은 음식을 맛보기 전에 소금이나 후추로 간을 하는 것을 중요한 평가기준 중에 하나로 이용한다고 한다. 이런 행동들은 성급하게 결정을 하는 경향으로 이해하는 것이다. 물론 모든 채용 담당자들이 음식의 간에 관해 심각하게 생각하는 것은 아니다. 하지만 이 이야기는 상당히 시사하는 바가 크다. 그저 레스토랑이고 평범한 인터뷰라고 생각할 것이다. 하지만 이것이야말로 극적인 오디션이다. 어떤 상황에서도 지원자의 모든 행동은 평가되는 것이다.

빌 게이츠의 시험 문제

테이블 인터뷰에서는 '쇼'를 할 준비가 돼 있어야 한다. 어떤 기업은 지원자들의 기지와 임기응변을 평가한다. 음식과 서비스를 상황에 맞게 이용할 수 있다는 이야기다. 마이크로소프트의 빌 게이츠 회장은 식사 테이블 면접을 하는 것으로 유명하다. 그는 그의 저서에서, 고위 임원들을 인터뷰하는 마지막 면접에선 뛰어난 능력과 자격을 갖춘 동등한 여러 명의 지원자들과 레스토랑에서 식사를 하면서 평가하는 테크닉을 이용한다고 밝혔다. 빌 게이츠 회장은 지원자가 주문한 숯불에 구운 스테이크가 너무 질겨서 실제 먹지 못할 정도라던가, 달콤한 음식을 시켰는데 시큼하던가, 원하는 대로 고기를 익히지 않았다던가 하는 상황에서 어떻게 반응하는가를 본다고 한다. 평범하지 않은 상황에서 지원자가 어떻게 대처하는가를 관찰하는 것이다. 그렇다면 빌 게이츠는 지원자들의 어떤 점을 평가할까?

그런 상황에 대한 불평을 하는가? 한다면 바로 그 자리에 하는지 또는 나중에 하는지를 평가한다. 감정을 절제하는지, 잔소리를 하는지, 어떻게 레스토랑 직원들을 대하는지, 직원들에게 불평을 이야기할 때 예의를 갖추는지, 그가 권위적인가 또는 오히려 미안해 하며 같은 공범의 느낌을 갖는가? 그냥 적당히 넘어가 주는가? 직설적인가? 빌 게이츠 회장은 이러한 절차를 통해 지원자가 실무에서 비슷한 상황에 처했을 때 그를 대신해 어떻게 행동하고 반응하는가를 간파한다. 이러한 방법들을 사용하지 않으면 놓칠 수 있는 정보들을 통해, 빌 게이츠 회장은 지원자에 대한 통찰력을 가질 수 있다고 한다.

식사 테이블에서 생기는 몇가지 난처한 상황들

음식이 형편없거나 원하는대로 조리가 되지 않았다. 어떻게 대처하나? 돌려보내는 것은 택할 수 있는 선택 중 하나이다. 하지만 업무와 관련된 식사라면 꼭 권장할 만한 것은 아니다. 한번은 비즈니스 식사 모임에 참석했는데 참석자 중에 하나가 스테이크가 충분히 익지 않았다고 돌려보내는 것을 봤다. 더 익혀진 스테이크가 도착했을 때는 모든 참석자들이 디저트를 시작하는 중이었다. 그 스테이크는 아마 확실히 익혀졌겠지만 그 사람에 대한 사람들의 느낌은 그렇게 긍정적이지 않을 것이다. 참석한 다른 사람들과 보조를 맞추지 않아서 눈에 띄었고 사람들의 시선을 분산시켰다. 다시 한번 언급하지만, 사람들은 비즈니스에 배를 채우러 오는 것은 아니다. 이런 상황이 발생한다면, 그냥 스테이크의 익은 주변

부를 먹고 돌려보내지는 말기를 바란다. 야채와 으깬 감자를 먹고, 조금 천천히 시간을 끌면서, 음료수를 가끔 홀짝거리며, 비즈니스 대화에 집중하라. 음식은 나중에 집에 돌아와서 먹을 기회가 얼마든지 있지만 비즈니스 대화에 집중할 기회는 그리 많지 않다.

음식이나 서비스 등이 만족스럽지 않을 땐 고객에게 어떻게 반응해야 할까?

미리 많은 시간을 들여 고객의 선호도를 알아내 레스토랑을 선택했기 때문에 이런 일은 일어나지 않을 것이다. 그럼에도 불구하고 이런 일이 발생한다면, 일단 식사를 끝낸다. 파트너 앞에서 매니저에게 인상을 쓰거나 불평하는 것은 자제한다. 당신에게 일부 책임이 있었다는 것을 인정하고 레스토랑을 대신해 사과하라. 이러한 기회를 이용해 고객에게 다시 한번 식사 약속을 잡을 수 있는 기회로 활용하라. 물론 승낙 여부는 고객의 의지에 따라야 한다.

식사도중 뭔가 이물질이 나왔다. 하지만 그리 심각한 것은 아니다. 어떻게 해야 하나? 룰은 이렇다. 그게 들어간 방식대로 똑같이 나오게 하면 된다. 포크를 사용해 이물질을 조심스럽게 빼내 접시 위에 내려놓는다. 하지만 앞에 앉은 사람도 알아채지 못할 정도로 주의를 기울여 처리한다. 당신만 일년에 한번 하는 중요한 식사가 아니다. 주변 사람들도 어쩌면, 3년에 한번 있는 중요한 자리일지 모른다. 심각한 이물질이 나왔다면 조용히 담당 웨이터 또는 매니저를 불러 처리해줄 것을 부탁한다. 이때도 역시, 옆 테이블에는 들리지 않게 조용히 처리한다.

식사 중간에 잠시 자리를 떠야하는 상황이라면 파트너에게 "잠깐 실례하겠습니다" 하는 것으로 충분하다. 어딜 가는지, 왜 가는지 이야기할 필요는 없다. 중요하고 형식을 갖춘 모임이라면, 여성이 자리를 뜰 때 남성은 경의를 표하기 위해 잠깐 자리에서 일어난다. '엉거주춤 서기'를 이용하는 것도 좋다. 상대가 자리를 뜨기 위해 일어날 때와 돌아올 때 반쯤만 일어나라. 그리하여 호스트나 다른 이들을 당황하지 않게 하면서, 당신의 수준 높은 매너를 보인다. 공손한 것으로 평가되고 인정될 것이다.

당신의 웨이터를 잃어버렸다. 머피의 법칙처럼, 웨이터는 종종 가장 안좋은 상황에 사라지는 경향이 있다. 웨이터를 추적하거나 찾아서 방황하지 않는다. 와인을 엎지르거나 또는 다른 어려움에 처했다면 다른 테이블을 담당하고 있는 웨이터에게 내 테이블 담당 웨이터를 불러주길 부탁한다. 웨이터를 부를 때도 옳은 방법과 옳지 않은 방법이 있다. 옳은 방법은 간단히 검지와 중지를 세워 손을 가볍게 든다. 손가락으로 소리를 내거나 "어이" 심지어는 "웨이터" 하는 것은 옳지 않다. 고객에게 만큼이나 웨이터를 존중해주는 것 역시 똑같이 중요하다. 웨이터의 이름을 알아내 불러주는 노력을 하라.

식사 도중 나이프 또는 포크를 떨어뜨렸다. 상업적인 레스토랑이라면 웨이터에게 교체해줄 것을 부탁한다. 누군가의 집에 초대됐다면 당신이 직접 주위 테이블에 올려 놓아야 한다. 하지만 여전히 새것을 사용해야 한다.

모든 사람이 미처 음식을 끝내기도 전에 웨이터가 접시를 치우기 시작한다? 물론 이런 일은 거의 생기지 않는다. 중요한 모임이라면, 담당 웨이터에게 이러한 상황이 일어나지 않도록 확실하게 미리 언급해 둔다. 그럼에도 불구하고 이런 상황이 발생한다면? 실제로 일어나기도 한다. 중요한 것은 당신이 무엇을 얘기하느냐가 아니라, 어떻게 얘기하느냐 이다. 열심히 하려고 노력했거나, 실제로 모를 수도 있고 또는 잊어버릴 수도 있기 때문에, 레스토랑 직원을 당황하게 만들지 말라. 웨이터 이름을 부르며 "다 끝날 때까지 조금만 더 기다려 줄 수 있습니까?" 라고 웃으며 부드럽게 얘기한다.

식사 테이블에서 상의와 관련한 룰은, 겉옷을 벗지 않고 단추가 채워진 상태로 앉아있는 것이다. 중요한 고객 또는 고위 상사와 테이블에 앉아 있거나, 미팅 룸에 있다면 상의는 항상 단추를 채워두는 것이 적절한 매너이다. 상의 두개의 단추는 채우고 맨 밑에 단추는 풀어 놓는다. 하지만 예외는 있다. 호스트가 상의를 벗는다면, 당신도 상의를 벗을 수 있을 것이다.

Chapter 8

Presentations
눈빛을 교감하는 프리젠테이션 스킬

당신의 프리젠테이션은 프로다운 스타일로,
열성적으로, 성실하게, 진지하게
청중들을 참여시키는 것이 유일한 목적이다.

프리젠테이션은 비즈니스 업무에 중요한 부분이다. 어떤 프리젠테이션은 유익하고 흥미 있는 반면에 어떤 프리젠테이션은 고문과 다름없다. 청중들의 기억에 오랫동안 남을 수 있고 긍정적인 교육 경험을 주기 위해서는 전하고자 하는 메시지를 얼마나 효과적으로 전달하느냐에 달려있다. 이때 프리젠테이션 에티켓은 당신의 경쟁력이 될 것이다.

당신이 무엇을 알려줄 것인가를 이해하고 당신의 일부로 만들어라. 연습하고 숙달해, 더 이상 참조 카드가 필요 없게 해야 한다. 이것이 궁극적으로 발표 효율성을 높이는 방법이다. 철저한 준비를 통해 프리젠테이션을 자기것화 시켜 다른 불리한 요소들을 극복한 경우를 한가지 소개한다.

시장직을 놓고 경쟁하는 두 후보자의 토론을 분석해달라는 요청을 받은 적이 있었다. 현직에 있던 사람은 아주 경험이 많고 세련된 전문가였다. 그는 토론을 위해 나무랄 데 없는 옷을 입고 등장했다. 한마디로 멋이 있었다. 하지만 토론 마지막 3분 전에 정리 발언을 할 때는 자기가 준비한 원고를 쭉쭉 읽어 내려갔다.

대조적으로, 그의 경쟁자는 약간 독특한 사람이었다. 이 남성에게 당시의 토론은 첫 번째 토론처럼 보였고, 상대와 비교해 약간 촌스러운 복장을 했다. 잘 어울리지 않는 양복과 요란한 타이를 매고, 공사판에서나 신을법한 황갈색의 목이 긴 구두를 신었지만, 토론 내내 그의 행동과 메모 노트 없이 했던 결정적인 마무리 발언에는 가슴으로 느껴지는 자신감이 있었다. 그의 말투는 가슴을 울렸고 아주 확실히 청중에게 전해졌다. 그는 부분적인 것들엔 신경을 쓰지 않았지만 아주 명쾌하게 자신을 돋보이게 했다.

왜 그럴까? 그는 자신의 토론 주제에 관해서 확실히 알고 있었고, 이야기를 할 때는 듣는 사람들이 그의 성실성을 느낄 수 있게 만들었다. 그는 자기가 전달하고자 하는 내용을 분명히 알고 있었다. 명확했고, 모든 사실에 관해 정확했고, 수치에 관해서, 날짜에 관해서 그리고 그의 경쟁자에 관한 정보를 갖고 있었다. 그의 진지함과 자신감은, 결국 그 토론의 승리자로 나의 표를 얻었다.

자신의 프리젠테이션 내용을 정확하게 아는 것은 신뢰를 얻기에 중요한 요소다. 내 고객 중에 하나이자, 오랜 친구가 나에게 말했다. 약한 모습으로 청중에게 비쳐지는 순간, 프리젠터는 죽은 것과 다름없다. 정확하게 내용을 인지하지 못하는 대가는 상당히 클 수 있다는 것이다.

프리젠테이션을 준비할 때 고려해야 할 또 다른 사항 중 하나는 사전에 청중들에 관한 정보를 얻는 것이다. 청중들의 배경이나 관심 있는 분야에 관해 인지함으로써 내용이나, 전달하는 방법에 관해서 준비할 수 있다. 이름을 호명하며 연습할 수 있는 기회를 가질 수도 있다. 이렇게 함으로써 프리젠터로서 돋보이는 하나의 능력을 갖게 될 것이다. 청중들은 당신이 정보나 지식을 그냥 전달하지 않는다는 것을 알아차린다.

프리젠테이션의 시작

나를 점검한다

프리젠테이션 장소에 시작 시간보다 미리 도착해 꼼꼼하게 자신을 체크한다. 화장실을 방문해 머리부터 발끝까지 모든게 제대로 정돈되어 있는지 확인한다. 출입구에 서서 청중들이 개별적으로 도착할 때마다 악수와 인사를 하며 맞이하라. 악수는 청중을 가름해 볼 수 있는 가치 있는 정보를 제공하고 자신 있는 프리젠테이션을 할 수 있게 도움을 준다. 누가 긴장하고 있고, 누가 멀리 앉고 싶어하는지, 손에서 전달되는 느낌으로 파악할 수 있다. 누가 열성적이고, 누가 힘이 넘치는지 그리고 누가 프리젠테이션을 고대하는가? 이런 청중들이 바로 당신의 도전을 받아들일 사람들인 것이다. 그들을 껴안아라. 각각의 청중들은 다르다. 따라서 각각의 프리젠테이션도 달라져야 하고, 청중에 따라 완벽하게 설정을 바꾸어 적응해야 한다. 그런 후 당신의 목적인 청중들을 설득하라.

에너지와 성실함은 프리젠테이션에서도 중요하다. 강단에 서 있는 당신은 약간 흥분된 상태여야 한다. 이런 느낌은 바로 청중에게 전염된다. 우리 인간은 본능적으로 에너지를 발산하는 사람에게 끌린다. 청중들과 함께하고, 그들에게 도움이 되는 것들을 나눌 수 있는 기회를 갖는 것에 감사한 마음을 갖는 것이 비결이다.

성실하라. 성실함은 당신의 행동거지, 바디랭귀지, 시선 유지에서 나오고, 또한 그렇지 않을 수도 있다. 어찌 됐건 사람들은 당신의 행동이 성실함이 밴 것인지 또는 그럭저럭 하는 것인지 알수 있다. 그리고 당신의 약한 면을 알아채는 순간, 당신은 먹이감이 될 것이다. 그 순간 당신의 프리젠테이션은 생명력을 잃기 시작한다. 경험에서 이야기하는 것이니 믿으라. 사람은 언어적인 요소보다 시각적인 요소로 대부분 확신을 하고 실제 내용에서는 7%의 확신 요소를 갖는다고 한다.

문을 들어서는 순간부터 당신의 청중들을 참여하게 하고 관심을 유발시키는 정열과 성실함이 중요하다. 기억하라, 중요한 것은 어떻게 이야기하는가 이다.

소개

프리젠테이션이 시작되면 일어서서 당신이 소개되는 것을 듣는다. 소개해 준 사람과 악수를 하라. 소개는 종종 당신이 이룬 성취에 관한 장황하고 판에 박힌 얘기들일 것이다. 소개해 준 사람과 초청해 준 사람에게 감사의 표현을 하라. 그들을 언급하며 각각에게 시선유지를 하라. 청중들에게도 기꺼이 시간을 투자해 준 것에 대해 감사하라. 정중하게 주의를 기울여라. 소개 후 단상에서서 청중들이 당신의 발끝부터 머리끝까지 훑어볼 수 있는 약 5초에서 15초 가량의 시간을 허락하라. 여성들은 조금 더 기다려야 할지도 모른다.

시간 관리

손목 시계를 풀어라. 프리젠테이션 중 청중이 눈치 채지 못하게 시간을 체크하는 것은 작을 것 같지만 아주 치명적인 실수를 하는 것이다. 프리젠터가 시간을 힐끔거리는 것만큼 기분 나쁜 것도 없다. 시간을 준수하겠다는 순수한 의도라 해도, 이것은 그곳이 불편해 빨리 벗어나려 하며, 그곳에 더 이상 있고 싶지 않다는 뜻을 암시할 수 있기 때문이다. 아버지 부시 대통령이 자기 시계를 쳐다봤던, 그 유명한 조시 부시와 빌 클린턴의 대통령 선거 TV 토론을 기억할 것이다. 미 전역에 방영되어 온 국민에게 심어졌던 부시 대통령의 이미지와 느낌을 사람들은 영원히 기억할 것이다.

단순한 제스처 하나가 부시 대통령의 신뢰성을 심하게 반감시켰다. 사람들은 그 토론에 관한 기억을 떠올릴 때면, 토론의 주요 요지나 내용이 아니라, 부시 대통령이 자기 손목 시계를 체크하는, 그 한 장면을 주로 기억한다. 이것은 아주 작지만 심하게 대가를 치룬 어리석음으로 사람들에게 오랫동안 기억될 것이다.

하지만 여전히 프리젠테이션의 시간을 지키는 것은 중요하다. 만약 운이 좋다면 룸 안에 시계가 걸려 있거나 또는 시간이 얼마나 또는 몇 개의 슬라이드가 남아있는지를 알려주는 보조자가 배치될 수도 있다. 하지만 그런 상황이 아니라면 불가피하게 시계를 체크해야 한다. 손목시계를 풀러 단상 위 접근하기 쉬운 곳에 두면, 쉽게 시간을 체크해 주어진 시간을 적절히 활용할 수 있고 청중과의 시간 약속을 지킬 수 있다. 청중들에게도 금쪽 같은 시간이다.

오프닝

밋밋하거나 시시한 오프닝은 시작부터 프리젠테이션을 망치는 꼴이 된다. 유머는 청중들을 편하게 만들고, 일체감을 주기 때문에 오프닝 표현으로는 최고의 방법이다. 그렇지만 주제하고 관계가 없는 유머나 농담은 전혀 도움이 되지 않는다. 누구던지 유머나 농담을 자연스럽게 풀어 나가는 것은 아니다. 당신이 만약 이런 부류에 속하는 사람이고, 그래서 추가적인 연습이 필요하다면 실전에서 사용하기 전 동료들 앞에서 미리 반응을 보는 게 좋다.

다음으로 주제에 관해 언급하라. 청중들이 기대할 내용에 관해서 개요를 말한다. 기억할 것은, 당신은 청중들로부터 신뢰를 얻어 진행을 해야 한다. 그들이 무엇을 얻을 것인지를 정확히 밝히고 시작을 해도 좋다는 묵시적인 허락을 받아라.

단상에서 내려오라. 가능하다면 바로 내려와 단상으로 막힌 장벽을 제거한다. 이렇게 함으로써 청중들과 더 가까워질 수 있다.

마이크는 부착형 소형 마이크로 폰이 가장 유용하다. 청중들에게 걸어가 그들 틈에 섞여서 제스처를 사용하면 효과적이고 직접적인 교감을 할 수 있어 그들의 에너지를 자극하게 되고, 그래서 더욱 적극적인 청중의 참여가 이루어진다. 사람들은 프리젠터가 멀리 단상에 있을 때는 무관심하지만, 바로 의자 옆으로 걸어와 직접 명찰에 있는 이름을 부르며 질문을 하는 프리젠터는 무시하기 힘들다.

장비 사용시 체크할 사항들

장비들을 사전 점검하라. 파워포인트, 플립차트, 사운드 시스템과 그 외에 시청각 장비들을 포함한 장비들을 체크하라. 프리젠테이션 중 발생할 수 있는 기계적인 결함들은 당신에 관해서 긍정적인 조망을 하는데 결코 도움이 되지 않는다. 한번은 참석했던 프리젠테이션 도중 기계장비가 제대로 작동하지 않는 바람에 30분을 허비해, 결국 프리젠테이션이 실패한 게 아니라 프리젠터로서 실패를 한 경우를 봤다.

슬라이드 장비가 있다면 프리젠터는 어디 서야 할까? 위치에 관해서는 다음과 같이 생각해보자. 어떤 방법으로 사람들은 슬라이드를 볼까? 청중들은 글을 읽을 때와 마찬가지로, 좌측에서 우측으로 시선을 움직인다. 따라서 비주얼 효과의 첫 번째는 당신이어야 하므로, 슬라이드의 좌측에 서기를 제안한다. 파워포인트나 오버헤드 프로젝터, 프린트물 등은 단지 하나의 도구 이상으로 간주되면 안된다. 이런 것들이 당신의 프리젠테이션의 초점이 되서는 안된다. 당신이 초점이 되야 한다.

종종 프리젠테이션 하는 사람들은 첨단 시청각 교재와 장비들이 전체적인 프리젠테이션의 효과를 극대화할 것이라 믿는데, 사실 그런 것들은 프리젠테이션의 효과를 오히려 감소시킨다. 기억하라. 당신의 도전은 프로다운 스타일로 청중들이 열성적으로, 적극적으로, 성실하게, 진지하게 프리젠테이션에 참여시키는 것이다. 프로젝터로부터 나오는 슬라이드 이미지가 그런 효과를 가져오는 게 아니다.

한번은 어떤 강의에서 강사가 좋은 영화 장면들을 편집한 시청각 자료들을 보여줬다. 편집물은 재미있었다. 하지만 청중들은 그 영화들을 프리젠테이션 도구로 이용한 것은 좋았는데 강의 내용은 별로였다는 이야기를 했다. 영화 편집 장면들로 강조하고자 하는 메시지를 전달하려 했지만, 10~15초 가량의 간격을 두고 보여져야 했던 비디오 클립은 한 영화를 2~3분 가량이나 보여줬다. 청중들은 귀중한 시간을 허비한 것에 화가 난 것이었다. 청중들이 편하게 옛날 영화를 보고자 그 강의에 참석해 시간과 돈을 투자했던 것은 아니다. 강의시간에 오락을 하고자 했던 어설픈 시도에 화가 난 것이다. 그들은 이른 아침 시간인 오전 9시에 진행된 세일즈 판촉 강의에서 심지어는 팝콘까지 제공했다.

프리젠터들이 다루기 쉬운 한물간 플립차트에 관해서는 할 이야기가 많다. 하지만 사용하기에 앞서 주의할 점은, 청중들을 아는 것이다. 만약에 청중들이 테크놀로지 지향적인 사람들이라면, 어떤 형태이건 반드시, 기술적인 요소들을 강화시켜라. 예를 들어 대학생을 위한 강의라면, 플립차트보다 파워포인트가 강의 핵심을 효과적으로 전달하는 방법이 된다. 하이테크 시대에서 자란 젊은이들에게 두꺼운 종이 뭉치와 컬러 마커의 사용은 어필이 어렵다. 청중들은 모두 다르다. 당신의 청중들을 알고, 그들의 문화와 정신세계를 그리고 프리젠테이션의 매개를 거기에 맞게 골라라.

파워포인트 사용시에도 주의할 점이 있다. 프리젠테이션의 한 부분으로 절대 슬라이드에 있는 내용을 읽지 말라. 청중들에게 한

단어 한단어 문자 그대로 읽는 걸 들려주기 위해 귀중한 시간을
투자해 참여해 달라고 하는 것보다 더 모욕적인 것은 없을 것이
다. 그들도 읽을 줄 안다.

당신이 쓸 수 있는 최고의 장비

프리젠테이션의 가장 중요한 자산은 당신의 눈이다. 청중들과
직접적인 시선 유지를 하라. 룸의 가장 뒤쪽부터 시작해 움직이기
시작한다. 그들의 눈에 당신의 눈을 꽂아, 설명을, 주제를 구체화
하라. 당신의 도전은 마치 청중들 각자에게 직접 대화를 하는 것
처럼 느끼게 만드는 것이다. 잘 적용된다면 뛰어난 테크닉이다.
빌 클린턴 대통령이 애너하임에 있는 국립 학술재단에서 800여
명의 청중들에게 연설할 때 청중으로 참석한 적 있다. 전 알칸사
스의 주지사였던 빌 대통령은 어색하게 연단으로 걸어 나왔고, 말
은 꼬여서 언론에 의해 조롱과 실소의 대상이 되었다. 요즈음 빌
클린턴은 어떤 강연에서건, 마치 강연장에 있는 청중들 개개인에
게 직접 이야기하는 것 같고, 그와 연결되는 것 같은 연설 테크닉
을 연마하고 개발해서 미국에서 가장 고액의 강사료를 받는 스타
강사가 되어 있다. 이런 강의 기법은 그의 브랜드가 되었고, 이젠

800명이 넘는 강연장에서도 그의 스타일에 청중들은 매료된다.

시선을 시도 때도 없이 돌리지 말라. 청중의 시선을 잡아 당신의 생각을 전하고, 그런 후 다른 사람에게 돌려 또 당신의 생각을 전하라. 룸 안에 있는 모든 이들과 시선 맞춤을 하라. 한 생각을 한사람에게 전하려는 전략을 만들려고 노력하라. 이런 방법이 개개인 청중들에게는 마치 당신이 직접 대화를 했다는 느낌을 갖게 하는데 도움이 된다. 가장 효과적인 프리젠터는 청중들의 관심을 자신에게 집중시키려고 노력한다. 가장 멀리 있는 사람에서 시작해 모든 사람의 시선이 당신에게 오게끔 하라.

당신의 눈이 청중들을 보고 있지 않을 때라도, 그들에게는 가장 중요한 메시지 전달자이다. 말하고 들을 때, 그리고 질문에 답하고 언급할 때도 당신의 눈은 계속 움직인다는 것을 인지하라. 하늘을 쳐다보거나 천장을 보는 것은 권위있는 프리젠터의 모습이 아닌 "신이여 도우소서"라는 애잔한 호소의 느낌을 준다. 곁눈질을 하는 것은 부정직하고 의심이 많다는 이미지를 표현하다. 반면에 바닥을 보거나 잠시 대화를 멈추거나 하는 것은 사려 깊다라는 느낌을, 또는 정확한 답변을 시도하려는 듯한 것을 암시한다.

연설할 때와 마찬가지로, 눈을 사용해 연습을 하라. 내가 맨 처음 강의를 시작했을 때 시선 유지의 테크닉을 습득하려 많은 노력을 했던 것을 기억한다. 세 마리의 개와 두살이었던 아들을 베이비 의자에 앉혀 놓고, 가족과 친구들의 사진을 방안에 여기저기

갖다 놓았다. 그리고 원할 때마다 그들과 각각의 눈 마주침을 하곤 했다. 상당히 효과적이었다. 맞아! 심지어는 강아지들도 나를 알려고 노력하는 것을 느꼈다. 이런 연습이 실제 청중을 놓고 하는 것은 아닐지라도, 연습하라! 정말 많은 도움이 될 것이다.

손 제스처는 가급적 적게, 절제있게 사용되야 한다. 손을 양옆에 붙여서 마치 로봇 같은 느낌을 주기 원치 않듯이, 과장되고 과도한 손의 사용은 사람들의 집중을 분산시킬 수 있다. 나라에 따라서 과도한 손놀림과 바디랭귀지가 받아들여질지라도, 일반적으로, 과장된 팔의 사용은 득보다는 실이 많다. 팔의 사용은 최소한으로 하라.

당신의 서 있는 자세가 프리젠테이션에 영향을 줄 수 있다. 정자세로 서 있거나, 뒤로 기대는 듯이 서 있거나 하는 것은 무관심하게 보여서 청중들을 끌어 들이지 못한다. 오히려 거리감을 느끼게 할 것이다. 급하지 않게 전후좌우로 움직이는게 좋다.

복장

복장은 프리젠터를 어떻게 인식하고 어떻게 보이게 하는가를 결정짓는 중요한 요소다. 좋건 싫건, 당신이 어떻게 보이는가에 따라 당신은 판단된다. 그러므로 세심한 부분들을 체크해야 한다. 나는 프리젠터에게 청중들보다 한 단계 더 격식을 갖춘 정장을 입어 프로답게 보이라고 말한다. 스스로 전문가라는 사실을 각인시켜야 한다. 청중들은 프리젠터를 위로 쳐다본다. 시각적인 부분들에서 수준 높고 훌륭한 표준은 매우 중요하다. 요즘엔 일부 회사들에서 비즈니스 캐주얼(타이 없는 상의와 청바지)이 받아들여지고 있긴 하지만, 외부에서 온 프리젠터로서 방문회사를 존중하는 차원에서라도 프로답게 보일 책임이 있다고 믿는다. 당신의 분야에서 권위를 나타내는 옷차림을 해야 한다.

옷차림에 신경을 써야할 또 다른 이유는, 그렇게 함으로써 프리젠테이션 진행 도중 청중들에게 어떻게 보여지나 하는 신경을 덜 써도 될 것이다. 일단 적절한 차림을 했다고 자신감을 갖게 되면, 신경이 덜 분산되어 프리젠테이션 자체에 몰입할 수 있고, 자신감과 권위를 갖춘 당신의 메시지를 전달할 수 있다. 뒷 부분인 11장에서 조금 더 자세히 보겠지만, 프리젠테이션을 위한 기본적인 옷입기에 관해 알아보자.

어두운 색상, 즉 보수적인 색을 선택하라. 남성이건 여성이건 감색이나 짙은 회색, 검정색, 그리고 스트라이프 패턴은 프리젠터로서 적절한 색이고 패턴이다. 물론 타이는 꼭 매야한다. 여성은 정장과 바지 또는 스커트를 입는다. 스커트는 더 프로답게 보인다. 넥타이나 느슨한 옷차림은 하지 않는다.

전문가다운 신발을 착용하라. 단상에 올라가면 청중들은 바로 직접적으로 당신의 신발이 눈에 들어온다는 것을 잊지 말아라. 남자는 검정색에 끈을 매는 구두를, 여성은 전통적인 예장용 구두면 적절할 것이다.

보수적인 옷과 신발을 고른 후, 프리젠테이션 현장에 도착하면 아마 청중들의 드레스 코드는 예상했던 것보다 훨씬 자유로운 것을 발견할 것이다. 옷을 한 단계 다운그레이드해서 입는 것은 쉽다. 하지만 행사장에 도착했는데 청중들이 당신의 옷차림보다 한 단계 높은 정장을 하고 있을 때 보다는 훨씬 스트레스를 덜 받을 것이다.

경험을 하나 이야기 하자. 풀로리다의 한 고급 호텔에서 강의를 하고 있었다. 거의 모든 참가 직원들이, 예의를 갖추어야 할 비즈니스 환경에서는 결코 착용하지 말아야 할 두개의 신발 중 하나인, 신발 뒷꿈치 부분이 끈으로 된 슬링 백을 신고 있었다. 교육 담당자에게 이것에 관해 물어보자, 그 담당자는 플로리다에서는 슬링 백 신발을 신는 것이 비즈니스 업무에서도 별 문제없이 받아들여진다고 했다. 확신을 갖게 된 후, 미리 준비해왔던 슬링 백 구두로 바꾸어 신었다. 기억하라. "룰을 파괴하는 아름다움은 그것을 언제 파괴하는가를 알 때"이다. 나는 나 자신을 청중들과 연계시키고, Mirroring 효과를 주고, 적응하기 위해 룰을 파괴할 것을 결심한 것이다. 그것을 제외한 내 옷차림의 대부분은 완벽한 프로다운 모습이었다.

한 때 사람들은 청바지에 셔츠를 입는 기업문화에 맞추기 위해 편한 캐주얼을 입는 것을 반강제적으로 권장당했다. 거품이 많던 닷컴 시대가 지나는 오늘날, 많은 기업들이 다시 과거로 돌아가고 있다. 미국의 100대 기업을 무작위로 선정해 회사 기율에 관한 실험을 한 기사를 AP 통신으로부터 받은 적이 있다. 이 기업들은 회사의 드레스 코드를 1년 동안 비즈니스 정장에서 비즈니스 캐주얼로 바꾸었다. 이러한 기업들에는 회계사무실, 법률사무실, 제조업, 엔지니어들, 금융 서비스업 등이 포함되었다. 1년이 지난 후 100개 기업 가운데 99개 기업의 임원진들이 두 가지 이유에서 드레스 코드를 다시 원래대로 비즈니스 정장으로 바꾸기로 결정했다. 첫 번째 이유는, 비즈니스 캐주얼을 오용했다. 상체가 꼭 끼는 탱크탑, 몸통 중앙부가 드러나 보이는 옷 등 자유분방한 옷들을 착용했던 것이다. 두 번째 이유는, 아마 더 중요한 이유가 될 것이다. 게으른 옷차림이 게으른 성과를 가져온다는 걸 알게 됐기 때문이다.

그렇다고 비즈니스 정장을 입을 때 과도하게 입으라는 얘기는 아니다. 당신의 전문분야에 맞는 옷을 입어라. 예를 들면, 당신이 온라인 게임 분야의 전문가이고, 그 분야에 관한 프리젠테이션을 한다면 카키 진 바지에 밝은 쟈켓을 입는 것이 어울릴 것이다. 그렇지만 금융과 세금 또는 마케팅의 전문가라면 옷차림도 당신의 전문분야와 당신, 그리고 당신이 대표하는 회사에 맞는 스타일을 반영해야 한다.

목소리가 몸값을 높인다

당신의 비주얼 한 모습은 가장 영향력이 있긴 하지만, 두 번째로 중요한 요소는 청중들이 듣는 언어에 관한 것들이다. 다시 말하면, 무엇을 얼마나 얘기하느냐가 아니라 어떻게 얘기하느냐가 중요하다. 음성을 이용한 어떤 프리젠테이션이건 목소리는 가장 중요한 도구이다. 어떻게 음성을 이용하느냐 하는 것은 실질적으로 시각적인 효과만큼 중요하다. 말의 질감, 음량, 음색의 질, 억양 등에 관해 이해하라.

명확한 음절 사용이 중요하다. 단어를 삼키지 않도록 유의하라. 명확하고, 뚜렷하게 말하고 똑똑하게 발음하라. 물론 이것도 연습이 필요하다. 강의나 프리젠테이션 대본, 심지어는 시를 갖고 연습하라. 그리고 동료나 친구에게 부탁해 바로 옆방에서 듣게 하라. 이렇게 하는 것은 강하게, 분절해 말하는 것을 도와주고, 늘 듣기에 편하지 않은, 자신의 목소리를 평가받을 수 있다.

목소리는 열심히 연습하면 분명히 효과가 난다. 필자의 아들이 초등학교 4학년 때, 공개 연설 숙제를 받아왔다. 학교 강당에 모인 학부모 앞에서 연설을 하기로 되어 있었다. 연습을 위해 아들은 연설내용을 전부 암기해 다른 방에서도 들을 수 있게 했다. 명확히 발음하고 정확한 단어와 목소리를 내기 위해 교실에서 낭송 연습도 했다. 연습치고는 너무 힘들어 보이긴 했지만, 결국은 아들은 가장 훌륭한 연설을 했다는 평가를 받았다. 내가 강조를 했던 연습이 입증이 된 것이었다.

풍부하고 좋은 음색을 내기 위해서는 연습 외에는 방법이 없다. 차갑고 꽥꽥거리는 음색, 피곤하고 건조한 음성은 듣는 것만으로도 짜증이 난다. 청중 누구나 그렇다. 목청을 충분히 쉬게 하고 신선하게 하라. 강하고 자신감 있는 음색으로 전달하려는 메시지를 에너지, 따뜻함, 그리고 성실함과 더불어 발산하라. 지적이고 힘이 느껴지는 음색으로 청중에게 전달될 것이다. 청중과 함께 하는 일체감을 창조하는 수단으로 음색을 이용하라.

간결한 침묵이나 휴지기를 이용하는 것도 좋은 테크닉이다. 성인의 95%가 미팅이나 프리젠테이션 과정에서 말이 빨라진다는 통계가 있다. 긴장 때문이다. 말하는 도중 휴지기를 이용하여 여유를 갖는다면 안절부절하는 모습을 보이지 않을 수 있다. 이는 프리젠터가 중요하다고 생각하는 부분을 강조할 수 있는 긍정적인 효과도 만든다. 잠깐의 침묵이 당신에겐 영원처럼 느껴질 수도 있다. 하지만 청중들에게 이런 휴지기는 아주 짧다고 여겨지고,

이미 이야기된 것들에 대해 숙고할 수 있는 시간이 될 것이다.

특히 비(非)속어 사용에 주의하라. "음~" "아시죠?" "그러니까" "말하자면" 등이다. 이런 표현들은 사람들이 일상적인 언어에서 간극을 채우는 어구로 사용한다. 하지만 프로들의 프리젠테이션에서는 이러한 어구들이 설 자리가 없다. 이러한 표현들은 당신의 메시지의 강도를 떨어뜨리고, 프로답지 못하다는 느낌을 주고, 프리젠터가 어리거나, 경험이 없거나, 긴장했거나, 또는 준비를 안했다는 것을 암시한다. 비속어는 전형적인 산만함을 나타낸다. 어떤 사람이 프리젠테이션을 잘 준비했고 내용도 아주 좋았다고 한다. 그런데 계속 "비스므레"라는 하는 표현을 사용해 결국 청중들이 내용은 잃어버리고 "비스므레"란 표현을 몇 번이나 사용하는지를 세기 시작했다고 한다. 분명히 프리젠터의 의도된 표현은 아니었을 것이다.

청중과 함께하는 프리젠테이션 테크닉

프리젠터가 질문을 받게 되면 "좋은 질문입니다"라는 인사말을 던지곤 한다. 한번은 고객과 프리젠터의 질문과 답변에서 오고간 '작은 뉘앙스'에 대해 이야기를 나눈 적이 있다. 그는 자기가 진행하던 프리젠테이션 도중에 한 청중이 질문을 하자 "아주 좋은 질문입니다"라고 했단다. 그 청중은 "제가 평가를 받고 있는 줄은 몰랐는데요"라고 반응했다. 작은 차이지만 중요한 부분일 수 있다. 프리젠터가 질문에 대한 반응을 할 때는 질문자에게 "질문 감사합니다"라는 정도의 권위 있는 모습을 보일 필요가 있다. 특정한 질문에 대한 등급을 매기거나 평가를 하는 것은 다른 질문들은 그렇지 않았다는 것을 암시할 수도 있다.

기억할 것은, 당신의 프리젠테이션 목적이 청중들에게 신뢰를 얻고, 좋은 관계를 유지하기 위함이라는 점이다. 스스로 그들에게 적응하고, 그들을 참여시키고, 그래서 주의를 끌게 해서 당신의 지식을 공유하고 나누는 것이다. 또한 프리젠터로서의 당신 역시 청중들로부터, 반응을 통해서, 쌍방향의 토론을 통해서, 질문을 통해서, 많은 가치있는 지식을 배울 수 있다.

당신의 청중은 참여하고 있나? 당신과 함께 하는가? 그들의 흐릿한 눈동자를 읽고 알아채야 한다. 바디랭귀지를 읽어야 한다. 시들해 있는지, 고개를 끄덕이는지, 또는 좌석을 바짝 당겨 앉는지, 이메일을 체크하는지 아니면 핸드폰을 이용해 문자를 날리고 있는지 등의 반응을 읽어라. 그래서 언제 예정에 없던 휴식시간을 갖어야 하는지를 알아라. 청중들이 당신으로부터 떨어져 나가다고 느껴지기 시작하면, 다시 참여시키기 위해, 예정에 없던 간단한 운동을 한다던지 또는 휴식시간을 앞당기던지 하라. 다시 한번 상기하자. 룰은 언제 깨야 하는지를 알아차리는 것이 중요하다.

청중 가운데 일부가 방황하기 시작하거나, 지루해하거나 또는 그냥 내키지 않는 것 같다면 어떻게 하나? 준비된 프리젠터는 그런 상황을 기회로 받아들이고 맞선다. 시들해하는 청중에게 질문을 하고 롤 플레이에 참여시켜라. 특별하게 느끼게끔 해라. 통한다.

프리젠테이션의 결론부

당신은 청중들이 필요한 많은 얘기와 지식을 성실히 전달했다. 참여해서 귀중한 시간을 할애해 준 것에 대해서, 그리고 경청을 해준 것에 대해 감사를 표한다. 다시 한번, 초대해 준 담당자와 소개를 해준 사람에게도 감사를 표한다. 그리고 보조 역할로 프리젠테이션이 가능할 수 있게끔 도움을 준 사람도 언급한다. 각자의 이름을 언급하며 눈 마주침을 하는 것을 잊지 않는다. 성실하고 진지해야 한다. 결론을 짓고 감사의 말씀을 전할 땐 머리를 숙여 표시를 하는 것이 적절하다.

청중이 많지 않다면 도어를 향해 걸어가 각각의 청중들과 악수를 나눈다. 아직 이름을 기억할 수 있다면, 또는 명찰을 참조하며 각자의 이름을 호명하며 마지막 인사를 나눈다. 참가자들과 입구로 나가며, 악수를 하고, 감사의 표현을 하는 것이 프로의 진정한 모습이고 청중에 대한 당신의 진실한 존경의 표현이다. 당신은 신뢰감 있는 프리젠테이션을 했고 청중들과 개인적인 인간관계를 증진시켰으며, 그러한 것들이 성공적인 프리젠테이션을 만들게 된 것이다. 이런 부가적인 마무리가 없다면 원하는 것을 얻기 위해 그동안 노력했던 모든 것에 부정적인 요소를 남겨, 청중들에게 뭔가 허전한 느낌을 남길 수도 있다. 청중들은 이런 부차적인 노력까지는 기대하지 않을 수도 있었기 때문에, 당신의 이러한 마무리는 화룡정점이 될 것이다.

물론, 프리젠테이션 종료 후 출구로 단거리 경주하듯 질주해 빠져 나간다면, 그 반대의 이미지를 남길 것이다. 한번은 참석했던 프리젠테이션에서 아주 요란스럽게 등장하는 프리젠터를 본 적 있다. 그의 프리젠테이션 도중 누구도 그와 일대일 악수를 하거나 이야기를 하는 것을 본 적이 없었다. 심지어 그는 프리젠테이션이 끝나자마자 재빨리 장소를 빠져나갔다. 그의 강의는 세일즈 기술과 설득의 관한 주제였다. 나는 설득되지 않았다.

난감한 상황들에 대한 대처

프리젠테이션 도중 장비에 문제가 생기면 어떻게 대처해야 하나?

장비 없이도 프리젠테이션은 가능하다. 당황하는 당신만이 문제이다. 첨단 장비는 하나의 도구일 뿐이다. 당신이 장비에 의존하는 프리젠터라서 장비 없이 어떤 것도 가능하지 않다면, 당신의 프리젠테이션과 직업적인 전문성은 위태로운 상태에 처한 것이다.

프리젠테이션 도중 재채기나 기침이 계속 나온다면 어떻게 대처해야 하나?

신체적인 기능에 관한 룰은 다음과 같다. 청중들로부터 고개를 돌려라. 이 룰은 음료수를 마시는 것을 포함해 모든 상황에 다 적용된다. 기억할 것은, 고개를 돌렸다 하더라도 당신이 사용하는 마이크는 여전히 스피커와 동조하고 있다는 것을 인식해야 한다. 어떤 여성 프리젠터가 세미나에서 마이크를 사용하고, 쉬는 시간에 마이크를 끄지 않은채 화장실에 갔다. 모든 상황이 강의장 안에 적나라하게 생중계가 되었던 것은 말할 나위 없다. 어떤 남성 프리젠터는 연단 뒤에서 물 한잔을 힘차게 원샷을 했는데, 고개를 돌리지 않고 바로 마이크 앞에서 했다. 스피커를 통해 들렸던 물 넘어가던 소리는 지금도 '생생' 하다.

청중들로부터 몸을 돌릴 때는 어떻게 해야 할까?

화이트보드나 플립차트에 쓸 때, 또는 어떤 이유건 간에 청중들에게 등을 보여야 할 때는 다음과 같이 말하라. "등을 보여 미안합니다."

청중들 틈에서 계속 이야기하는 사람이 있다. 어떻게 할까?

권위있는 자세로 서서, 잠시 침묵의 포즈를 갖는다. 시선을 마주치면서, 명확하고, 자신감 있게, "방해해서 미안합니다." 그리고 바로 이어서, "다시 저와 함께 해주셔서 감사드립니다" 라고 한다. 유머가 함께 해야 상대가 난처함을 갖지 않는다. 이런 행동을 할 때는 깍듯한 매너와 프로다운 예절을 갖추어 리드하라.

시간이 모자랄 때는?

시간을 약간 초과하는 것은 이해가 간다. 하지만 할당된 시간을 많이 초과하는 것은 결코 긍정적으로 작용하지 않는다. 당신은 아주 훌륭한 프리젠테이션을 진행했던 사람으로 기억되고 싶지, 결코 점심을 놓치게 했던 사람으로 기억되고 싶지 않을 것이다. 청중들의 시간을 존중하라.

chapter 9

The Meeting
테이블 아래에 손이 있는 한
미팅은 성립되지 않는다

당신은 이 미팅을 위해 많은 시간과 노력을 기울였다.
인맥을 쌓았고, 연구했고, 참여했으며, 지략을 써서 여기까지 왔다.
당신의 미팅은 성공할 이유가 있다.

엄청난 비즈니스를 가져올 잠재고객에게 결국 미팅 약속을 받아냈다. 미팅 장소에 도착해 미팅 테이블로 안내를 받았다. 호스트가 도착해서 자리를 잡고 당신도 자리를 잡고 앉았다.

당신의 손은 어떻게 처리를 해야 할까? 테이블 위에 올려야 할까? 허벅지 위에 올려놔야 할까? 그런게 문제가 될까? 물론이다.

손은 상대방이 볼 수 있게 테이블 위에 올려라. '비리' 라는 영어 표현의 'Underhanded' 는 먼 옛날 사람들이 테이블 밑으로 손을 숨기는 것은, 곧 무기를 숨길 수 있다는 생각에서 유래한 것이다. 오늘날 미팅 파트너가 당신의 손에 무기를 숨기고 있어서 위험하다라고 추측할 가능성은 거의 없지만, 양손을 사람들이 보게 하는 것은 떳떳하고 아무것도 감추지 않고 명쾌하다는 것을 보이는 것이다. 그리고 이것이 훨씬 프로답게 보이기도 한다.

보스턴 법률회사의 한 임원과 회사 내 컨퍼런스룸의 조그맣고 둥그런 테이블에 앉아서 미팅을 했던 적이 있다. 양손을 허벅지에 가지런히 올려놓고 있었는데 임원이 슬그머니 자리에서 일어나 내 의자 뒤쪽으로 와서 내 손이 허벅지 위에 놓여있는 것을 노골적으로 내려다 보는 것을 알아 차렸다. 나는 반사적으로 두 손을 상대방이 볼 수 있게 책상 위에 올렸다. 미팅은 성공적이지 못했다. 비록 손을 허벅지에 올린 것이 다른 이유가 있는게 아니라 하더라도 신뢰를 쌓는데 성공하지 못했다. 양손을 상대방에게 보이지 않게 허벅지 위에 올려놓은 것이, 무엇인가 숨기고 있다는 인상을 줄 수 있었기 때문일 것이다.

반복하지만, 비즈니스에 관해서는 아무것도 당연하다고 여기지 말라. 이 순간은 당신을 빛나게 할 수 있는 에티켓이 필요하고, 경쟁자를 넘어서, 비즈니스 파트너와 관계를 맺고 신뢰를 구축해야 한다. 비즈니스 미팅은 너무 흔해서 종종 작은 것들을 무시하고 적절한 매너 없이 무조건 참가하고 보는 경향이 있다. 이런 것을 염두에 둬야 한다. 당신은 이 미팅을 위해서 많은 시간과 노력을 들여왔을 것이다. 인맥을 쌓았고, 연구했고, 참여했으며, 지략을 써서 여기까지 왔다. 이 미팅을 성공적으로 진행시키기 위한 가능한 모든 방법을 동원해 경쟁자와 차별화 시키는데 이용할 이유가 있다. 적절한 매너와 에티켓을 이용해 이런 것들을 가능하게 만들 수 있다.

미팅 잡기

당신의 뛰어나고 멋진 비즈니스 스킬을 보여주기 위한 첫 번째 기회는 어떻게 이 중요한 미팅 스케줄을 잡느냐에 달려있다. 많은 사람들이 협잡과 측근이나 스케줄을 담당하는 문지기에게 뇌물을 주는 방법이 필요하다고 얘기할 것이다. 이러한 방법으로 미팅 스케줄을 얻어낼 수도 못 얻어낼 수도 있다. 하지만 분명한건, 이런 방법은 추후 조직이나 회사와 신뢰를 구축하고 업무에서 자신감을 갖게 하는데 도움이 되지 않는다는 것이다. 뇌물을 주고, 거짓말을 하고, 핑계를 대는 순간, 그토록 간절하게 원했던 신뢰의 요소를 위태롭게 하고 파트너 관계는 단절된다.

많은 사람들이 만나길 원하는 사람과의 미팅은 종종 연극적인 요소가 필요하다. 한번은 미국 굴지의 가구회사 여성 CEO의 강연에 참석한 적이 있다. 그녀는 가구회사 쇼룸에서 매니저를 구한다는 신문광고를 보고 자기 적성에 딱 맞는 직업이라 생각해서 지원을 했다. 하지만 인터뷰 기회조차 주어지지 않았고, 회사 사장에게 직접 인터뷰를 받아 보고자 했는데 그게 쉽지 않았다. 회사로 전화를 하고, 메시지를 남기고 또 남겼다. 팩스도 보내봤다. 편지도 써보았다. 비서에게 인터뷰할 기회를 달라고 애걸까지 해보았다.

그녀는 사장하고 인터뷰할 기회만 주어진다면 자신이 채용될 것이라 생각했다. 자기가 이 직책에 적합한 사람이어서 사장을 설득시킬 수 있다고 믿었던 것이다. 하지만 미팅은 가능하지 않았다. 결국 극단적인 방법을 사용해 그의 주의를 끄는 전략을 쓰기로 결정했다.

돈이 없었기 때문에 신용카드 회사로부터 대출을 받아 경비행기 한대를 임대했다. 현수막을 달고 가구회사 본사의 사장 사무실 주변을 날게 했다. 현수막엔 다음과 같은 글귀가 쓰여 있었다. "제발, 제인에게 기회를 주시길." 그런 후 비서에게 전화를 걸어 사장이 오후 12:05분에 사장실 창밖을 쳐다봐주길 원한다고 애기했다. 사장은 그렇게 했다. 현수막과 함께 본사 상공을 날고 있는 비행기를 보면서 놀란 사장은 결국 그녀와의 미팅을 잡았다. 그녀는 원하던 일을 할 수 있게 되었다.

이것은 감동적인 스토리다. 하지만 오늘날 미팅을 잡기 위해 이런 정도의 드라마 같은 노력은 필요치 않다. 미팅을 잡기 힘든 유명인의 경우는 알고 있는 지인을 통하는 것이 가장 좋은 방법이다. 인맥 쌓기 모임에 시간을 투자해야 하는 이유가 그 때문이다. 또한 인맥 쌓기 모임에서 만났지만 당시에는 가치가 없다고 간주해버리면 안되는 이유도 이 때문이다. 사람 일은 모르는 법이다. 당시에는 가치가 없어 보인다고 느낄지 모른다. 하지만 그 사람이 당신이 그토록 만나고 싶어하는 사람의 어린 시절 단짝 친구였는지, 골프 파트너인지, 오랜 사업 파트너인지 누가 아는가? 인맥을 쌓는다는 것은 성사하기 힘든 미팅을 잡기 위한 중요한 발판이다.

비즈니스 미팅은 실제 언제부터 시작되는 걸까? 미팅은 상대방과 전화를 하는 순간 이미 시작된다. 아직 대면도 하지 않았지만, 이것이 첫 번째 미팅이라고 간주하라. 당신은 실제, 음성을 통해서 첫 번째 미팅을 하는 중이다. 전화로 미팅을 정할 때는 활기찬 목소리, 자신감 그리고 따뜻함을 담아라. 5장에서 익혔던 전화통화 기술을 발휘하라. 스마일을 만들어 전화선을 따라 전달되게 한다. 가급적이면 활기찬 목소리를 발성하기 위해 일어서서 이야기한다. 전화에 메시지를 남길 때도 이런 방법을 사용하라고 이미 언급했다. 미팅을 위한 전화통화는 당신과 당신의 회사를 상표화할 수 있는 첫 번째 기회이고, 그래서 긍정적으로 기억될 수도 또는 그와 반대가 될 수도 있다. 그토록 원했던 잠재적인 고객과의 첫 번째 커뮤니케이션인 만큼 신경을 써야 한다.

미팅 당일날은 회사에 도착하는 순간부터 미팅은 이미 시작된다. 주차장에 차를 몰아 들어가는 순간, 당신은 파트너의 가시권에 들어서는 것이다. 특히 요즘 같이 보안의 눈초리가 강화된 상황에서는, 어디서 보안 카메라와 사람이 지켜보고 있는지 모른다. 일단 회사건물로 진입한 순간부터, 미팅 모드로 즉시 전환하여 집중한다. 보통 비즈니스맨들은 파트너 회사에 들어서는 것은 미팅이라고 생각하지 못한다. 다음의 이야기는 내가 한 실수인데, 그중에 두 개를 소개하겠다.

고객의 사무실이 있는 빌딩에 도착해 차를 주차했다. 그런 후 미팅을 준비하기 시작했다. 신발을 갈아 신고, 머리를 만지고, 화장을 고쳤으며, 구강 청정 스프레이를 뿌리고, 전화 몇 통을 했는데, 이 모든 것들을 차 안에서 했다. 그런 후 고객을 만나기 위해 사무실로 올라가서 자리에 앉아 사무실 창문을 내다보았다. 그 곳에서 내 차가 정면으로 보였다. 고객은 내가 무엇을 하는지 다 보았거나 볼 수 있었던 것이다. 대략 난감한 상황이었다.

한참이 지난 후 또 한번 비슷한 경험을 했다. 고객사가 입주해 있는 빌딩에 도착했는데 엄청나게 큰 빌딩이었다. 당연히 내가 보일리는 만무하다고 생각해, 서류들을 정리하고, 마지막 마무리들을 차 안에서 했다. 사무실이 몇 층에 위치하고 있는지 올려다 보고 있는데 핸드폰이 울렸다. "안녕하세요 주디스 바우먼 대표님, 제 사무실은 서 계신 곳에서 두 층을 더 내려와야 됩니다." 내부에 설치된 카메라로 나를 시종일관 보고 있었던 것이다.

건물에 들어서는 순간부터 완전한 미팅 모드로 들어가야 한다. 무대 뒤가 아니라 무대 위에 서 있는 것이다. 일단 차에서 나오고 로비에 들어서는 순간 미팅 에티켓은 작동이 되야 한다. 리셉션니스트(응접원)에게 당신을 소개할 때 명함을 건내는데, 이름을 상대방이 바로 볼 수 있게끔 돌려서 건낸다. 이렇게 함으로써 리셉션니스트나 청원 경찰들은 당신이 찾는 사람을 정확하고 효과적으로 찾고 연결해주기 때문에 직업적인 예의이다. 인사를 할 때 명함을 건넴으로, "누구를 만나러 오셨다고요?" 또는 "이름이 어떻게 되신다고요?" 하면서 당신의 이름을 잘못 발음하거나 또는 다시 묻는 것을 피할 수 있다. 당신의 명함은 당신을 효과적으로 상대방에게 알리는데 도움이 될 것이다.

이름을 얘기하고 안내되기 전, 리셉션니스트에게 가장 가까운 화장실이 어딘지 묻는다. 그리고 다시 한번 외모를 체크한다. 머리, 얼굴(화장), 복장, 입 냄새 등. 그리고 악수를 할 때 끈적한 느낌을 주지 않도록 손을 씻는다.

화장실에서 돌아왔는데, 리셉션니스트가 만나기로 한 사람이 약 15분 가량 늦겠다고 안내한다. 그리고 고급스럽고, 우아하게 데코가 된 대기실로 안내돼 편하게 기다리길 부탁 받는다.

이런 기회를 이용해 정말 편안한 자세를 취하고 있어도 될까?

나는 잘 훈련받고 경험 많은 리셉션니스트가 제공하는 이런 기회를 편하게 이용하는 것에 반대한다. 15분 또는 20분이라고 했지만 불과 5분 만에 상대가 나타난 적이 얼마나 많은가? 그러면 당신은 아주 편한 자세로 있거나, 여러가지를 하다가 '딱 걸리게' 되고, 어떻게 됐건 당신이 하고 있었던 것들이 다른 모든 것들을 우선하게 되는 꼴이 된다.

조금 수준 높은 문화가 있는 회사에선, 이런 모습들은 모욕적이거나 치명적이 될 수도 있다. 15분이든 20분이든 편하게 앉고 싶은 충동을 참아라. 마치 승부를 하는 승부사처럼 서있는 것이

낮다. 앉게 되면 편하게 되고, 신문을 펴게 되고, 핸드폰을 꺼내게 되고, 소형 IT 기계를 꺼내게 되어 멀티태스킹을 하기 시작하는데, 파트너가 나타나면 어떻게 될까? 불과 몇 초 사이에 일어서서 움직여야 된다. 허겁지겁 소지품들을 집어 가방에 쑤셔 넣고, 다시 세련되고 차분한 방문 모드로 돌아와야 한다. 그러므로 자리에 앉는 것은 진지함과 절제를 동반한 긍정적인 첫 인상을 주지 못할 뿐 아니라, 고객과 인사할 때 인상적으로 시선을 마주치고, 악수를 하는 추진력을 잃게 된다.

고객에게 준비가 덜 된 상태, 즉 통제 밖의 취약한 상태를 드러내게 되는 것이다. 이미 정 위치에서 출발하는 것이 아니다. 당신이 그곳에 있는 이유는 미팅 때문 아닌가? 기다리는 시간을 균형 잡히고 준비된 상태로 유지하라. 그러면 고객이 등장했을 때, 당신은 자신감 있게, 통제가 된 상태에서, 프로다운 모습으로 그를 맞이할 것이다.

대기실을 나올 때는 누가 앞장서는가?

당신의 호스트 또는 안내자이다. 호스트가 남자이건 여자이건 마찬가지이다. 비즈니스에서는 성별의 구분과 관련한 에티켓을 따로 두지 않는다. 단지 호스트가 길을 알기 때문이다! 종종 누가 먼저 앞장서고 누가 따르는가를 놓고 걱정을 하는 상황이 발생한다. 호스트로서의 당신의 목표는 손님을 편하게 만드는 것이다. 손님으로서 당신의 역할은 길을 아는 호스트에게 예의를 갖추는 것이다. 당신이 호스트라면, 분위기를 좀 편하게 하기 위해 '작은 뉘앙스'를 이용한다. "이쪽으로 오시겠습니까? 제가 안내를 해드리겠습니다." 당신이 손님이라면, "감사합니다. 먼저 가시지요"라고 한다. 두 사람 모두 상대방에게 적절한 룰을 알고 있으리라는 것을 암시하고, 결국 두 사람 모두를 편하게 만들 것이다.

미팅룸으로 향하면서, 어색할 수 있는 상황을 피하여 '작은 대화'를 하려는 노력을 보여라. 상대방의 양복 깃에 달고 있는 핀이나 넥타이에 관한 언급, 사무실의 위치, 건물 자체에 관한 내용, 교통이나 길찾기서부터 날씨에 이르기까지 대화가 자연스럽게 이어지는 열린 질문을 한다. 업무와 관련한 얘기는 피한다. 본격적인 업무 대화에 앞서, 그냥 얘기하는 스타일과 목소리를 듣기만 해도 상대방에 대한 가치 있는 정보를 얻을 수 있다.

미팅이 파트너 사무실에서 진행될 경우

미팅룸에 도착하면 어디에 앉아야 하나?

자리배치와 어디에 앉느냐 하는 것은 아주 미묘하지만 강력하고 중요하다. 그래서 호스트와 미팅 장소에 따라서 고려할 여러가지 매너와 에티켓 포인트가 있다.

자리 배치와 관련된 첫 번째 룰은, 호스트가 먼저 앉게 하는 것이다. 당신이 자리를 선택해 앉을 수 있는 기회가 주어진다면, 맞은편이 아니라 거리상의 벽을 제거하는데 도움이 될 수 있게 호스트와 대각선이 되도록 거리를 좁혀 앉는다. 또한 의자를 선택할 수 있다면, 가장 덜 편한 의자를 고른다. 편한 가죽의자에 앉게 되면, 당신 자체도 약간 느슨해지고 편해지는 경향이 있다. 당신의 에너지가 다운되면 당신의 프로페셔널한 이미지도 영향을 받게 된다. 덜 편한 의자는 정자세로 앉게 되고, 집중력이 강화되어 에너지를 유지하게 해준다. 고객과 미팅을 하는 것은 안락함을 느끼고 느슨한 대화를 하려는 것이 아니다.

의자에 앉기 전, 종아리가 의자 버팀 가로축에 닿는 것을 확인한다. 이렇게 함으로써 종종 발생하는, 일단 발생하면 완전히 '스타일 구기는', 의자가 빠지면서 엉덩방아를 찧은 것을 방지한다. 그런 후 의자에 안쪽으로부터 2/3 가량만을 걸쳐, 마치 금세라도 날아갈 것 같은 포즈로 앉는다. 깊숙히 파묻히는 것을 피하라. 의자에 2/3만 걸쳐 앉게 되면 등과 의자의 안쪽 라인이 V 자 형태를 띠게 된다. 이렇게 앉으므로써 집중의 중심이 파트너와 업무 진행이라는 의향을 표시한다.

발은 바닥에 붙인다. 발을 꼬게 되면, 구두 바닥이 상대방을 향한다. 나라에 따라서 발바닥을 보이는 것은 매우 모욕적인 행동이 되기도 한다. 아시아, 라틴 아메리카, 중동 그리고 유럽의 많은 나라에서 발바닥은 몸 신체 가운데 가장 더러운 곳으로 여겨진다. 사담 후세인의 동상이 철거되던 순간을 기억하는가? 이라크의 주요 신문들의 일면은 모두, 동상의 발바닥 부분을 심하게 공격하는 (가장 최악의 모욕인) 이라크 사람들의 사진으로 메워졌다. 그러므로 발바닥을 보이는 것은, 의도적이지 않더라도 잘못 해석될 수도 있다. 아마 이런 정도의 문화 충돌이 일상의 미팅에서 당신에게 일어날까 싶지만, 그럴 개연성은 충분하다. 세계는 점점 세계화되고 우리는 세계화된 사회에서, 다양한 문화가 혼재하는 사회에서 살고 있다. 조금 더 주의하고 보수적이고 존경을 표하는 쪽을 택하는 것이 문제를 일으킬 소지를 없애는 방법이다. 훈련을 해서 "더러운 부분을 감추려고 노력한다"라는 것을 암시하는 바디랭귀지를 이용한다. 여성이 이런 착석을 한다면, 발목이나 무릎을 붙여서 할 수 있다. 하지만 양쪽 어느 방향이건 기울게 만들어라.

컨퍼런스 룸 미팅

미팅이 컨퍼런스 룸이나 임원회의장에서 진행된다면, 완전히 다른 좌석배치를 고려해야 한다. 당신의 파트너가 이미 사전에 좌석배치를 했을 것이다. 그렇다면 배정된 자리에 앉으면 된다. 그럼에도 불구하고 다른 사람들이 지정된 좌석에 앉지 않아, 당신이 조금 더 영향력 있는 자리에 앉을 수 있는 기회를 얻을 수도 있다. 가장 유리한 자리는 모든 입, 출입하는 사람들을 볼 수 있을 뿐 아니라, 참가한 모든 플레이어들과 책상을 볼 수 있는 입구를 향하게 앉는 것이다. 이런 유리한 자리는 룸 전체를 쉽게 모니터 할 수 있는 파워 포지션이 되는 것이다.

눈치가 빠른 비즈니스맨들이 하나의 전술로서 이용하는 이러한 좌석의 선택은, 오랜 역사적 뿌리를 갖고 있다. 미국 로드아일랜드주 프로비던스에 세워진 첫 번째이자 가장 유명한 교회 중 하나가 침례교회이다. 교회는 전통적으로 목사가 교회의 입구를 볼 수 있게 건축된다. 하지만 목사가 주의를 갖고 관심을 기울이는 부분은 신도들이지 누가 들어오고 나가는지를 아는 것은 아니었기 때문에, 이 교회는 신도들의 의자가 입구를 향하게 하여 인디언들이 접근을 감시하였다.

양쪽에서 다수의 인원이 참가하는 미팅이라면 별 선택의 여지 없이 게스트 중 가장 직위가 높은 사람이 호스트의 맞은편 쪽에 앉는다. 그리고 우측과 좌측으로 2~3번째 직위를 가진 참가자가 앉는다. 하지만 자리배치를 선택할 수 있다면, 그리고 동료 중에 공동으로 회사를 대표해야 할 멤버가 있다면, 당신 옆이 아니라 테이블을 사이에 두고 당신의 맞은편에 자리하게 한다. 이렇게 하는 것이, 회의나 프리젠테이션 도중에 눈동자와 바디랭귀지를 이용해 효과적으로 커뮤니케이션이 가능하고 회의를 컨트롤할 수 있다. 이런 상황을 좌석배치를 통제하고, 당신의 리더십 스타일과 커뮤니케이션 기술을 발휘할 수 있는 기회라고 생각하라. 파워 포지션을 취한 채 출발하는 것이다.

참가자들이 자리를 잡고 앉기 전은, 룸 안에 있는 각각의 참가자들에게 접근해 악수를 하고, 자신을 소개하고, 명함을 나눌 수 있는 기회가 된다. 가능하다면, 참가자 전원의 명함을 받아서 가지고 있어라. 그런 후 앉은 순서대로 테이블 위에 조심스럽게 놓아, 미팅 중 참가자들의 이름을 참조하며 호명할 기회가 생기면 개개인의 이름을 호명해 준다. 이렇게 함으로서, 개개인의 이름을 예의를 갖추어 부를 수 있고 미팅에서 통제권을 유지할 수 있다. 또한 잘 정돈된 명함을 이용하여 필요하다면 개개인의 전문 분야를 참조할 수 있다.

미팅을 시작하고 참가자들을 호명할 때 일어설 것을 권한다. 이렇게 하는 것이 미국에서는 일반적이지 않기에 약간 어색할 수도 있다. 그럼에도 호명할 때 일어서는 것은 힘있는 표현을 돕고 의미있는 영향을 끼친다. 당신의 이러한 노력은 미팅룸에서 긍정적인 특징이 될 것이다.

한 미팅에서 나는 유일하게 혼자 서서 회의를 개회했던 사람이었는데, 그때 만났던 사람들은 서서 하는 간단한 제스처가 얼마나 강한 인상을 줄 수 있는가에 대해 자주 이야기했다. 서서 개회를 하는 것은, 당신이 주최를 하는 미팅이건, 또는 테이블 앞에 서서 자신을 소개를 하는 것이건, 당신을 돋보이게 한다.

미팅에는 어떤 도구들을 가져와야 할까? 고려할 여러가지 중요한 요소들이 있다. 물론 많은 명함을 준비하고 회사의 브로셔 그리고 논의할 제안서를 준비해야 한다. 미팅에 얼마나 많은 예상치 못했던 사람들이 나타나고, 그러한 것들을 요구할지 모른다. 당신이 생각하는것 보다 더 많이 준비하고, 포트폴리오 가방 같이 쉽게 손에 잡히는 곳에 보관해두라.

미팅에서 지켜야 할 몇 가지 에티켓

내가 당신을 방문했는데 큰 가방을 갖고 나타났다면 당신은 어떤 느낌을 받을까?

이 방문을 특별하다고 생각하기보다는 오늘, 또는 이번 주에 진행된 많은 미팅 가운데 하나라고 생각할 것이다.

항상 두 개 또는 더 많은 비즈니스 가방을 준비하라. 작은 것과 큰 것을 준비해 상황에 맞게 사용하라. 양질의 가방을 가져가라. 깨끗한 패드 받침과 양질의 펜을 이용하라. 똥이 나오는 볼펜은 사무실에 남겨둬라! 이런 포트폴리오는 당신의 중요한 시각 도구다. 마치 비즈니스 가방처럼, 그것은 "이 미팅이 나에게는 가장 중요한 우선순위입니다"를 이야기하는 것이다. 미팅에 도착해서 다른 많은 고객이나 미팅에서 얻은 정보를 담은 서류보따리를 풀어놓는다면, 이 고객은 오늘 당신이 만나서 곡예를 부린 많은 사람 가운데 하나에 속한다고 생각할 것이다. 작은 서류 가방이나 깨끗한 패드는 "이 순간 당신이 가장 중요하고 유일한 우선순위의 고객입니다"를 암시할 것이다.

커피 또는 차를 제공 받았다면? 빵이나 패스트리는?

정중하게 거절하기를 조언한다. 고객에게 다과를 제공하는 것은 친절한 것이다. 하지만 당신은 먹기 위해 거기 간 것이 아니다. 긴장되고 초조한 상황임을 기억하라. 신경조직은 당신 뜻대로 움직이지 않을 수 있고, 커피를 미팅 테이블에 흘린 모습으로, 또는 비스킷 부스러기가 자켓 단추에 붙어 있었던 사람으로 기억되기 원치 않을 것이다. 음식과 음료는 때로는 대재앙으로 변할 수 있기 때문에 피하는 것이 좋다. 예외가 있다. 누군가가 당신에게 줄 오렌지 크랜베리로 만든 저지방 머핀을 제공하기 위해 시간, 노력을 한 게 확실시 되는 경우다. 이런 경우엔, 받아들이지 않는 것은 무례한 처사다.

미팅을 위한 미팅 아젠다를 인쇄하여 사전에 배포하라.

이렇게 함으로써, 큰 그림들 안에서 작은 부분들을 놓치지 않을 뿐만 아니라, 프로 정신을 보이는 것이다. 베이징에 갔을 때, 이런 사전준비들이 그렇게 쉽지 않다는 것을 깨달았다. 호텔 비즈니스 센터에 미팅 아젠다를 프린트하러 간 적이 있었는데, 익숙치 않은 복사기가 있었다. 참으로 엄청난 노력을 기울여 복사를 했다. 그 다음날 미팅 장소에 도착해 나의 아젠다가 프린트된 유인물을 배포하자, 참석한 많은 사람들이 인쇄된 아젠다에 관해 긍정적인 한마디씩을 했다. 이 뉘앙스는 의심할 바 없이 긍정적인 빛을 발하며 참가자들에게 인식됐다. 바람직한 방향에서 우리의 미팅은 시작됐다.

누군가 미팅에 늦게 도착했다. 요점을 되풀이 해야 하나?

이런 상황은 아주 민감할 수 있다. 모든 참가자들이 같은 정보로, 같은 페이지에 집중하길 원하지만, 정확한 시간에 참석한 사람들을 앉혀놓고, 이미 다 들은 것을 멍하게 다시 듣게 하는 처벌은 하지 말아야 한다. 그렇다면 어떻게 할까? 얼마나 늦었는가와, 늦게 도착한 사람의 직위에 달려있다. 예를 들어, 회사의 사장이 늦었다면, 한 사람을 위한 것이지만, 다시 한번 요점을 요약해야 하는 게 현실적인 비즈니스 센스다. 분명한건, 이 회사의 사장은 이 미팅의 결과물에 대해 의미 있는 영향력을 갖고 있는 사람이고 그래서 관련 있는 모든 정보에 바탕한 결정을 할 것이다.

늦게 도착하는 사람이 낮은 직급의 직원이라면, 그냥 간단하게 눈 마주침을 하고 의제를 건네주며, 미팅의 흐름을 방해하지 않으면서, 지금까지 진행된 사항들을 친절하게 한마디로 요약해 주면 된다. 그리고 지금은 어떤 사항들이 진행되는가를 알리는 것만으로도 충분하다.

또한 얼마나 늦게 도착했는가에 따라 달라질 수 있다. 몇 분이라면 그냥 요약해준다. 하지만 한 시간 정도라면 현재 상황을 체크해주는 것으로 끝내는 것이 좋다.

미팅에서 일찍 자리를 떠야 한다. 어떻게 할까?

회의를 진행하는 사람에게 사전에 통보한다. 그렇다면 프리젠테이션 도중이라도 기분 나빠하거나 놀라지 않을 것이다.

잠재적인 새로운 고객에게 프리젠테이션 중이고 여러가지 상황이 무르익었다면, 미팅 마지막에 가서 비즈니스를 얻고자 하는 의향을 밝혀라. 많은 사람들이 이것을 잊거나, 그럴 태세가 갖추어져 있지 않다. 이 시간이 바로 미팅에서 비즈니스 관계로 넘어가는 중요한 과정인 것을 알라. 아마 당신은 프리젠테이션 미팅이 계속 미팅으로 남아있길 원하지 않을 것이다. 얘기한 게 먹힌건가? 우리와 거래를 할까? 적극적으로 비즈니스를 요구하라.

미팅 후 장소를 떠날 때는, 참가자 모두와 다시 한번 악수를 하고 입구까지 같이 걷는다. 미팅 후 대화는 종종 진정한 의미를 갖는다. 편하게 걷는 잠깐의 이 시간이야말로 진정한 대화로 발전할 수 있는 중요한 시간이다. 엘리베이터로 달려가지 말라. 다른 이들과 함께 걸으며 대화에 참여하라.

Chapter 10

Gender Issues
Lady first?!

비즈니스 상황에서는 Lady도, Lady first도 없다.
관계 증진을 위해서라면 볼에 입을 맞추는
프렌치 키스를 해야 할지 모른다.

사회적인 매너와 관련해, 여전히 전통적인 사회예절에 따라 행동하는 남녀가 많다. 그렇지만 비즈니스 에티켓과 관련해서는, 성에 관한 차이는 인정하지 않는다. 비즈니스 환경에서 남녀 모두에게 똑같은 에티켓과 의전, 룰이 적용된다. 이것은 악수에서 시작해서 서 있기, 착석, 인사, 소개, 문 열어주기, 레스토랑에서 계산하기, 코트 벗는 것 도와주기, 볼 키스, 안기 그리고 드레스까지 모든 것을 포함한다. 남자에게 적용되는 룰은 여성에게도 적용된다. 업무 영역에서는 성 구분이란 없다.

하지만 이렇듯 간단하게 생각되는 매너가 비즈니스 환경에서는 실제 꽤 까다롭게 느껴진다. 고객과 비즈니스 파트너에게 정중함과 존경을 보이려고 노력하면서도, 사회 통념상 여성에게 언제 적절한 에티켓을 보이고, 또 언제 포기해야 하는지에 관해 고민이 되기 때문이다. 이번 장에선, 비즈니스맨으로서 남자이건 여자이건 성별과 관련한 쟁점과 비즈니스 에티켓에 관련한 상황들을 살펴보자.

출입문 열어주기

출입구는 누가 먼저 들어가는가?

일반적인 교양 에티켓에서는 남자가 여자를 위해 문을 잡아주어 먼저 들어갈 수 있게 하는 것이다. 하지만 오늘날 비즈니스 상황에선, 성에 관한 고려를 우선하는게 아니라, 누가 호스트고, 고객이고, 또는 협력업자인가에 의해서 행위가 결정된다. 다시 말하면 비즈니스 매너가 우선시 되는 것이다. 성별에 관계없이 먼저 문을 들어서는 사람이 따라 들어오는 사람을 위해 문을 열어 잡아준다.

당신이 고객과 함께 있는 상황이라면, 성별에 관계없이 항상, 문을 들어설 때, 코트를 벗고 입을 때, 차의 문을 열어줄 때, 상대방을 앞장서게 하는 거의 모든 움직임에서 가능한 모든 예의를 갖추어야 한다. 중요한 것은, 성별에 관한 쟁점이 아니고 당신의 고객이나 호스트에 관한 예의의 문제이다. 이러한 작은 뉘앙스는, 존경의 표시로, 남녀 할 것 없이 상당히 호의적으로 평가된다.

전형적인 신사처럼 보이는 남성 파트너가 여성인 나에게 "먼저 들어가십시오"라고 했다. 한번 사양한 후 받아들이고 앞장 서면 된다. 문을 들어서는 문제를 가지고 고객과 문 앞에서 논란을 벌이는 모양새는 좋지 않다. 예의상 한번의 거절 후 우아하게 제스처를 받아들여 통과한다.

회전문은 또 다른 고려가 필요하다. 일반적으로 남자는 자동 회전문을 포함한 모든 문을 여성에게 양보해 먼저 통과하게 하는 것이 에티켓이다. 그래서 회전문이 자동이라면 남자는 자연스럽게 여성을 먼저 통과시키게 한다. 하지만 수동 회전문은 상당히 무거워서 밀기가 힘들다. 고객이 여성이라면 다음과 같이 말한다. "문이 무겁습니다. 제가 먼저 들어가서 문을 밀어 드리겠습니다."

어떤 여성들은 이러한 이슈를 "웃기는군, 문은 내가 밀고 들어갈 수 있어" 하며 받아들일 수도 있다. 하지만 생각해야 할 중요한 논점은 그러한 상대방이 보여주는 제스처가 의도하는 정신인 것이다. 물론 문은 나도 열고 들어갈 수 있다. 남성, 여성, 최소한의 신체적인 능력이 있는 사람들은 전혀 문제없이 자신들의 문을 열고 들어갈 수 있다. 하지만 신사가 보이는 제스처는 존경의 표현에서 의도된 것이지 다른 모욕적인 의도는 아니다. 문을 잡아 주었을 때, 또는 도움을 제공할 때, 여성은 이러한 본래 의도된 정신을 헤아려 받아들여야 한다. 그래서 제스처를 보이는 쪽도 이러한 것들을 실행할 때는 명확하게 자기의 의도를 표현해야 한다. "제가 도와드리겠습니다"라고 권위 있고, 따뜻한, 존경스러운 목소리 톤으로 이야기한다면, 어느 누구도 불쾌감을 느낄 가능성은 없다.

누가 먼저 악수를 청하는가? 전통적으로, 남성이 여성에게 선취권을 양보하지만, 비즈니스에선, 먼저 악수(엄지손가락을 들고, 앞으로 내밀며, 시선을 앞으로 향한 채, 굳건하게)를 시도하는 사람이 이후 관계에서 '파워 무브'를 갖게 된다. 남성도 여성도 비즈니스 인사와 작별인사에서, 그리고 계약을 마무리 할 때, 악수를 먼저 시도하여 주도권을 유지하기 위한 도구로 이용하라. 당신의 목표 는 잘 만난 파트너 여성이고 남성이어야 하는 것을 잊지 말라. 당 신이 긍정적으로 기억되기를 원한다면 성별에 관계없이 먼저 악 수를 시도하라. 그리고 잘 만난 사람이 되라.

누가 먼저 착석하는가?

개인적인 사교모임이 아니다. 비즈니스 에티켓에서는 주빈이 항상 먼저 착석을 한다. 참석자의 성별과는 상관없다. 비즈니스 디너인 경우, 참석자가 남성인지 여성인지를 구별하지 않고, 자리 배치, 건배, 냅킨 사용에 관한 신호는 호스트가 주도한다. 주문할 때는 호스트의 오른쪽에 앉아있는 주빈이 성별에 관계없이 먼저 주문한다.

드레스 코드와 성별 이슈

비즈니스 환경에서 남녀 복장에 관한 논쟁은 많다. 업무 복장 에 관해서 남성은 여성보다 선택의 폭이 훨씬 적다. 비즈니스맨의 옷장은 대부분 검정, 짙은 회색, 남색의 보수적인 색으로 채워져 있다. 반면 여성의 복장에는 더 다양한 색과 스타일이 제공된다. 의류업계는 끊임없이 여성이 착용할 수 있는 새로운 스타일들을 만들어 왔지만, 업무와 관련한 복장에서는 상황은 그다지 다르지 않다.

프로다운 이미지를 성취하기 위해서는 기본적인 세가지 색을 선택하는 것이 좋다. 멋진 보라색 수트나 독특한 색감의 복장을 착용하고 싶을 수도 있다. 하지만 비즈니스 미팅에 참석할 때, 특별한 고객과 첫 대면을 할 때, 남녀 할 것 없이 전형적이고 보수적인 업무 스타일과 색상의 복장을 입는 것이 좋다.

당신에게 가장 잘 어울리는 색은 빨간색, 청색 또는 자주색이라는 조언을 받았다 할지라도, 당신의 목적은 비즈니스이고 당신의 목표는 전문성의 표현이다. 당신이 강점은 전문적인 옷을 입는 것이다. 핑크색의 복장은 상대방과 비즈니스 관계를 성립하고자 노력한다는 인상을 남기지 못할 것이다.

어떻게 보이는가가 핵심이다. 당신에 관한 모든 것에서 당신의 프로정신을 드러나게 하라. 최근에 유행하는 스타일의 색상이 중요한 것이 아니다. 가장 잘 어울리는 옷은 사교모임에 사용하라. 비즈니스 환경에서는 오직 비즈니스에 주목해야 한다.

여성 구두는 발가락이 나오거나 뒷부분이 끈으로 된 것은 피하는 것이 좋다. 또한 구두는 스커트나 바지의 단보다는 짙은 색이어야 한다. 흰색보다는 옅은 회색이 좋다. 스웨이드 가죽 구두는 세련돼 보이고 비싸지도 않은 좋은 선택이다.

화장과 액세서리 그리고 향수는 절제하여 사용한다. 일반적으로 적은 양일수록 좋다. 인디언들이 전장에 나갈 때 얼굴에 사용하는 페인트를 칠하고 비즈니스를 하고 싶지는 않을 것이다. 이런 것은 당신의 이미지를 강화시키지 못한다. 약간의 액세서리는 좋다. 귀에 달린 작지만 심플한 장식은 '준비'와 '마무리'가 됐다는 느낌을 줄 수 있다. 입술에도 무엇인가를 발라야 한다. 립글로스는 입술에 습기를 제공하며 당신에 관한 작은 무엇인가를 추가하는 역할을 한다. 마찬가지로, 여자라면 목 주변에 무엇인가를 걸쳐라. 자그마한 펜던트 또는 신경을 쓰고 주의를 기울였다는 느낌을 주는 어떤 것이던지 좋다.

머리 색과 스타일도 마찬가지이다. 당신은 멋지고도 긴, 찰랑거리며 흘러내리는 머리를 갖고 있는지 모른다. 그렇지만 비즈니스 세팅에서 그런 모습은 미션을 잘못 이해하고 있다고 여기게 한다. 여성들은 한 일년 동안 머리를 자르지 않았다면, 뭉뚱 잘라내어 프로다운 이미지를 보일 수 있는 좋은 기회로 여겨라. 남성들은 구두에 바르는 번쩍거리는 구두약을 머리에 바르지 말라. 사람들은 그런 것들을 쉽게 놓치지 않는다. 당신의 여성 동료들만 그런 모습에 열광할지 모른다.

여성의 매니큐어는 투명하거나, 산호빛 또는 중성적인 색에 머물러야 한다. 자연스러운 모습을 연출하는 프렌치 매니큐어는 아주 멋지다. 그 외에 밝은 매니큐어는 사교모임에 참석할 때 이용한다.

마지막 중요한 포인트 하나는 식사를 할 때 또는 미팅 룸에서 여성은 립스틱, 남성은 입술용 크림인 립밤은 절대 사용하지 않는다. 급작스럽게 머리를 손으로 쓸어 넘기거나 남이 보는 곳에서 빗질을 하는 것은 적절하지 않다.

여성들의 스커트는 바지보다 프로다운 느낌을 준다. 바지가 프로 여성들에게 어필하던 시절에도 마찬가지였다. 스커트 길이는 무릎보다 살짝 아래, 아무리 양보해도 무릎 살짝 위 정도가 되게 한다. 여성의 스커트 길이는 더 길수록 더 프로답게 보여 매력적인 모습으로 여겨진다. 비즈니스에서 짧고, 타이트한 스커트는 비즈니스 파트너로서 신뢰감을 손상시킨다. 짧은 스커트는 비즈니스 업무에서는 스스로 자멸을 재촉하는 것이다. 구겨지거나 레이스가 달린, 또는 앞이 패인 옷들은 같은 이유로 절대 금기다.

종종 남성과 여성의 복장은 기업 문화에 의해 결정된다. 당신이 속한 회사의 관행과 남녀 성별에 관한 기본 룰을 알고 따라야 한다. 이렇게 하는 것이 당신을 적절히 반영하고 강력한 결속력을 가지게 한다.

신체 접촉

비즈니스 업무 상황에서 볼에 입맞춤, 어깨를 이용한 안기, 포옹은 적당한가?

업무 중 볼에 입 맞추는 것은 미국에서는 권장되지 않는다. 하지만 이런 행동이 많은 나라에서는 적절하다고 여겨지며 에티켓으로 간주된다. 예를 들면, 남미, 중동에서 볼에 하는 입맞춤과 포옹은 적절하다. 이러한 문화권에서 개인간의 존중 공간은 거의 존재하지 않는다. 이제 미국에서도 아마 새로운 친분을 맺기 시작할 때는 다른 수준의 터치가 필요하게 될지도 모른다. 업무적인 관계라 할지라도 인사할 때 볼에 입맞춤을 해야 할지도 모른다. 다시한번 기억하길, 우리의 목표는 관계를 증진하는 것이다. 그러므로 당신이 원하는 정도의 친분이 성립됐거나 그런 장소에서 고객을 만난다면, 볼에 입맞춤, 끌어안기, 포옹을 암시하는 바디랭귀지로 당신도 접근할 수 있을 것이다.

상대방이 그렇게 나온다면 어떻게 해야하나? 밀어 제치는가? 물론 그렇게 할 수 없다. 상대방의 바디랭귀지가 그런 것들을 암시하며 다가온다면, 기꺼이 받아들인다! 하지만 당신이 상대방에게 볼맞춤을 한다면 볼에 볼을 살짝 대는 정도로 한다. 나의 오른쪽 볼이 상대방의 오른쪽 볼에 닿게 한다. 하지만 불성실하게 해석될지 모르는 입으로 '쪽' 하는 소리를 낼 필요는 없다. 키스를 해야 하다면 볼과 볼을 부딪혀 한다.

여기서 중요한 것은 미팅 룸 같이 공식적인 장소에서는 절대 하지 않는다. 대신 로비나 사무실 같은 장소에서 진지하고 성실하지만 조심스럽게 따뜻한 볼 맞춤, 포옹을 할 수 있을 것이다.

더욱 더 글로벌화되는 시대에 살고 있어서인지, 끊임없이 상대방의 방법과 전통을 배우고 적응을 해 나가서인지, 사람들이 볼에 키스를 하는 프랑스식 인사를 하는 것을 보는 것이 어렵지 않다. 한번은 주요 신문들이 부시 대통령이 콘돌리자 라이스 국무장관에게 키스를 하는 웃기는 장면을 찍은 사진을 여러 장 실은 적이 있었다. 여섯 장의 사진은 자칫 잘못하면 라이스의 코나 입에 키스를 할 뻔한 장면이었다. 한 번 하고 두 번째로 이어지는 볼 키스는 주의하지 않으면 어색함을 넘어서 불상사가 될지도 모른다!

문화적인 차이와는 별개로, 파트너에 따라서 개인적인 친분을 만들어 갈 때 주의할 점이 있다. 일반적으로 키스, 안기, 포옹 등은 민감한 영역이다. 오늘날 성희롱은 실제 민감한 이슈라서 이러한 이슈들로 상대방을 불쾌하게 만들지 않아야 한다. 그러므로 당신의 목표는 상대방과의 친분을 쌓기 위한 키스, 끌어안기, 포옹까지가 돼야 할 것이다. 다음은 진정한 친분을 쌓고 만들고자 하는 당신의 노력이어야 한다.

고객이 당신의 개인적인 영역을 침범했다면 어떻게 다루어야할까? 우선 개인적인 영역을 이해하자. 개인적인 영역이란 한 개인이 편안함을 느낄 수 있는 공간을 의미하며 사람마다, 문화마다 다르다. 이를 '신뢰의 원'이라 하는데, 누군가가 이 원을 침범하면 본능적으로 몰아내려 한다.

일하는 과정에서 타인의 신체를 건드리는 것은 어떨까? 문화적인 차이가 많은 대목이다. 라틴 아메리카나 중동 같은 나라에서, 예를 들면, 남자가 여성의 팔이나 다리를 별 생각없이 건드리는 것은 아무렇지도 않게 받아들여지며 일반적으로 개인의 영역은 존중되지 않는다. 하지만 이런 것들이 비즈니스 업무 환경에서도 여성들이 순응하며 받아들여져야 한다는 것을 의미하지 않는다. 아마 미국에서는 비즈니스 친분을 맺는 과정에서 이러한 상황들이 발생한다면 진지한 설명을 하거나 유머를 이용해서 오해를 풀어야 할 것이다. 관습적으로 개인간의 거리는 존중되고 상대방의 몸에 손을 대는 것은 전통적으로 금기 사항이다.

문화적인 이유만은 아니다. 어떻게 반응하는가를 보기 위해 장난삼아 하는 사람도 있을지 모른다. 또는 정말 적절하지 못한 성희롱 케이스일지도 모른다. 그런 원치 않는 환경에 노출된다면 여성은 분명히 목소리를 내서 자기를 방어할 수 있어야 한다. 유머를 사용해 당신의 요지를 말함으로써 비즈니스적인 요소를 해치지 않고 당신의 주장을 할 수 있다. 당신의 목표는 모든 참가자들이 운동장에서 부드러운 경기를 하게 유도하는 것이다.

최근에 '가장 훌륭한 여성들과 미국 여성의 대표'의 설립자인

칸덴스 오테리와의 인터뷰에서, 독자들과 이야기하고 싶은 질문을 하나 받았다. '가장 성공적인 여성은 어떤 여성인가?'라는 질문이었다. 나는 자기가 여성이라는 것을 아는 여성이 가장 성공한 여성이라고 정의했다. 자기의 능력 개발을 위해, 여성들이 가지고 있는 개성, 용모, 매력 그리고 설득의 능력을 이용할 수 있어야 한다. 왜냐하면 여성들은 선천적으로 그리고 후천적으로도 사람을 배려하는데 남성보다 월등하기 때문이다. 여성들은 자기의 타고난 재능을 자각하고 사회가 필요로 하는 능력을 만들어야 가야 한다.

마지막으로, 성공한 여성이란 손을 내밀어 다른 여성을 도울 수 있는 여성이다. 성공한 여성은 다른 여성을 끌어안고 그들의 성취를 도울 수 있고, 나의 승리는 다른 사람의 승리라고 생각할 수 있어야 한다.

chapter 11

Attire
유행을 쫓는 당신, 떠나라

보수적인 색상의 정장은 틀리는 법이 없다.
당신에게 화려하고 세련된, 최신 유행의 옷이 있다면,
사교 모임을 위해 아껴두라.

고객사의 사장을 포함한 임원들을 만나 프리젠테이션을 하기 위해 옷을 고르는 중이다. 검정색 더블 자켓, 가는 스트라이프가 들어간 회색 자켓, 남색 자켓, 이 세가지 스타일의 복장 중 하나를 선택해야 한다. 고객은 주요 보험사에서 근무하는 사람이다. 어떤 수트를 선택해야 할까?

고객사의 문화에서 힌트를 얻어라. 이 회사는 보험회사이다. 그러므로 보수적으로 방향을 잡는 것이 안전하다. 멋스럽게 보이는 검정색 더블 자켓과 가는 스트라이프가 들어간 회색은 요트 대회를 참관할 때와 라스베가스 갈 때를 위해 잘 보관해 두라. 가장 클래식한 남색의 수트는 절대 틀리지 않을 것이다.

복장은 비즈니스에서 종종 너무 쉽게 간과되지만 가장 의미있는 도구이다. 프로다운 드레스 코드는 단순한 개인의 취향이거나 패션이 아니다. 비즈니스에서 어떻게 옷을 입느냐 하는 것은 당신의 고객과 어떻게 커뮤니케이션을 하는가의 문제이다. 복장이 당신에 대한 많은 이야기를 하기 때문이다. 당신이 갖고 있는 정장은 양질의 것인가? 업무 중에는 적절한 색상을 선택하는가? 액세서리는 보수적인가, 그리고 절제되었는가? 구두는 클래식한 것이며, 잘 닦여 있는가, 그리고 프로다운 느낌을 주는가? 이러한 모든 요소들은 고객과의 첫 미팅을 할 때 당신에 관한 첫 인상에 반영될 것이다. 당신은 패션 감각이 뛰어나고 최근에 유행하는 감각을 놓치지 않는 사람일지 모른다. 그리고 그런 것들은 사교 생활을 하는데 유용하다. 하지만 비즈니스에서 입는 적당한 옷차림에 관련해서는 우선 적용되는 룰이 있다. 물론 이러한 가이드라인은 좀더 나은 비즈니스 드레스를 위한 것이지, 전문적인 프로 비즈니스 복장으로 규정 지어진 것은 아니다.

남성의 복장

일반적인 생각과 달리, 비즈니스 드레스 코드에 관한 이야기를 할 때, 남성들도 많은 선택의 여지가 있다. 프로다운 복장을 할 때 많은 실패를 하는 것처럼, 빛을 낼 수 있는 기회 또한 많다.

수트

선택 가능한 수트의 색상은 어떤 것들이 있을까? 남색, 남색 그리고 남색이다. 농담이다. 하지만 곤색이라 불리기도 하는 짙은 남색은 감청색이나 옅은 감청색보다 안전한 선택이다. 검정이나 짙은 회색 그리고 이러한 색상에 스트라이프도 전통적인 비즈니스 수트로 적절하다. 비즈니스 수트에서 다른 색도 받아들여질까? 따뜻한 지역의 젊은 비즈니스맨들은 청색과 백색의 줄무늬가 있는 시어 썩커도 잘 어울린다. 하지만 약간의 위험도 도사리고 있다. 시어 썩커 모직은 비즈니스 세팅에 어울리기보다는 사교 모임에 더 잘 어울린다. 파스텔 같은 색상은 아니지만 옅은 회색 그리고 카키와 같이 밝고 가벼운 색상도 더운 지역의 날씨에 적합한 색상으로 간주된다. 갈색은 절대적으로 비즈니스 수트 컬러에서 제외된다. 갈색은 무녀 보이고 그 옷을 입은 사람까지 무녀 보인다. 비즈니스 수트로는 입을 생각조차 하지 말라.

어떤 미팅이라도 가장 현명한 선택은 보수적인 색이다. 짙은 색감의 수트는 비즈니스 세팅에서, 그리고 저녁 모임에서 항상 적당하다. 저녁 모임에서 밝은 색상의 수트는 그다지 호의적이지 않은 모습으로 받아 들여질 것이다.

수트 스타일과 관련해서는, 더블 자켓은 비즈니스 미팅 석상에는 너무 패션 지향적으로 보여진다. 이런 수트는 충분히 관계가 성립된 고객과의 만남을 위해 보관해 두라. 비즈니스의 경우에는 쓰리 버튼의 수트 선택이 적절하다. 위쪽 두개의 버튼은 채우고, 남성이건 여성이건 가장 아래쪽 버튼은 열어둔다. 뒤쪽 트임이 하나인 수트가 가장 프로답게 보인다. 양 옆을 절개한 수트가 두 번째다. 자신의 몸매가 어떤 부위를 터야 하는지의 기준이 된다.

또한 남성 수트의 깃은 너무 넓거나 너무 좁거나 해서는 안된다. 항상 적절한 중용이 기준이 돼야 하며 클래식한 넓이를 택한다.

비즈니스 미팅 중 상의를 벗는 것은 적절한가?

일반적으로, 상의는 입고 있어야 한다. 한가지 예외가 적용되는 경우는, 호스트가 상의를 벗을 경우에, 다른 사람들도 같이 할 수 있다는 신호로 받아들인다. 하지만 꼭 그렇게 해야만 하는 것은 아니고 여전히 상의를 입고 있는 것이 적절하다. 상당히 더운 상황이라면 상의를 벗을 수 있다. 이 경우에도 셔츠가 안에 있다는 것을 기억해야 한다. 셔츠가 젖어 있거나 구겨져 있는 것이 프로다운 이미지를 향상시키고 상대방의 신뢰를 얻는데 도움이 될 수 있을까? 아닐 것이다. 상의를 입고 있어 불편함을 느낄만한 가치가 있을지 모른다.

바지

단이 있는 바지는 좀 더 완성됐다는 느낌을 주기 때문에 비즈니스에서 권장할 만하다. 그럼에도 불구하고 단이 있는 바지는 특별한 바디 타입에 적절하다. 키가 작고 살이 찐 남자는 특징 있는 몸매를 더욱 더 강조할 수 있기에 일반적으로 단이 있는 바지는 착용하지 않는다.

셔츠

남성 비즈니스맨은 흰색 또는 엷은 블루의 색상을 선택한다. 얇은 스트라이프 패턴이 있는 셔츠도 전혀 문제 없다. 한때 엷은 베이지색의 셔츠도 남성의 셔츠로 적당하던 시절이 있었지만 지금은 더 이상 그렇지 않다.

남자의 셔츠 깃은 복장을 구성하는 한 부분을 넘어 당신의 얼굴이다. 아래턱과 가장 잘 어울리는 깃을 골라라. 또한 셔츠 깃의 목둘레가 적당히 맞는지 확인하라. 셔츠 깃이 너무 큰 것은 심하게 앓아서 몸무게가 빠졌거나, 또는 몸이 약한 것처럼 보일 수 있다. 강력한 느낌을 내기에는 딱 맞는 것이 좋다. 깃에 단추를 매는 버튼다운 칼라는 조금 더 캐주얼한 느낌을 주거나 외모에 신경을 별로 쓰지 않은 듯한 느낌을 준다.

셔츠 커프, 특별히 프렌치 커프는 자켓의 소매 길이보다 1과 1/4인치 길어야 한다. 셔츠의 색과 상관없이 깃이 무조건 흰색인 셔츠 또는 "월 스트리트 셔츠"로 불리는 셔츠는 멋져 보이긴 한데 보수적인 느낌을 주지는 못한다. 금융 업무 분야에서 일하는 사람이 아니라면 많이 권장할 만한 아이템은 못된다. 이제 막 경력을 만들어 가기 시작하는 신입사원이 블루 셔츠에 흰색 깃 그리고 프렌치 커프를 하고 출근한다면 한동안 기존 동료들의 입방아에 심심치 않게 오르내릴 것이다. 마치 술이 달린 이태리 구두를 신는 것처럼. 이러한 깃의 셔츠를 입는 것도 일정한 자격이 필요하다.

타이

타이는 남성의 개성을 드러낼 수 있는 액세서리이다. 사람들은 남성이 매는 타이에 관심이 많다. 개인의 개성을 반영한다고 믿기 때문이다. 하지만 이 특별한 조각을 고를 때도 여전히 프로다운, 보수적인 미감 그리고 좋은 질감의 경계 안에 머무는 것은 중요하다. 보수적인 느낌이 나는 타이는 항상 틀리는 법이 없다. 요란스

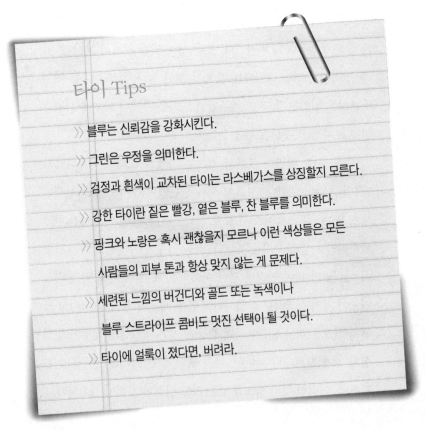

타이 Tips

>> 블루는 신뢰감을 강화시킨다.

>> 그린은 우정을 의미한다.

>> 검정과 흰색이 교차된 타이는 라스베가스를 상징할지 모른다.

>> 강한 타이란 짙은 빨강, 옅은 블루, 찬 블루를 의미한다.

>> 핑크와 노랑은 혹시 괜찮을지 모르나 이런 색상들은 모든
   사람들의 피부 톤과 항상 맞지 않는 게 문제다.

>> 세련된 느낌의 버건디와 골드 또는 녹색이나
   블루 스트라이프 콤비도 멋진 선택이 될 것이다.

>> 타이에 얼룩이 졌다면, 버려라.

러운 오렌지, 촌스러운 옅은 빨강, 큰 물방울 무늬는 아예 후보군에도 넣지 말라. 그런 것들은 당신의 프로다운 이미지를 강화시키는데 전혀 도움이 되지 못한다.

자선행사 또는 미술전 등 특정한 조직 또는 행사의 로고나 무늬가 들어간 타이들은 종종 유행이 되기도 하고 문제도 없다. 당신의 개성을 표현하고, 색다른 모습을 보여 줄 수 있으며, 개인 차원의 기여하는 모습 등을 드러내기에는 더할 나위 없이 좋다. 자선용품으로 디자인된 타이를 가지고 있거나, 자선단체에 속해 있거나 참여 또는 관여해 왔다면, 이러한 액세서리를 비즈니스 세팅에 하고 나오는 것은 적절한 것으로 간주된다. 타이핀, 타이 스택 그리고 금줄로 된 타이로프는 기능적이고 멋진 악세사리이다.

구두

구두 스타일에서 가장 고전적이고 프로다운 선택은 캡 토(코 부분을 덧댄 듯한 처리)가 부각된 프레지던셜 스타일이다. 황갈색의 코도반 스타일보다는 검정 색상을 선택하라. 한번은 씨티 그룹의 CEO였던 샌디 웨일이 신사의 구두에 관한 이야기를 하는 걸 들을 기회가 있었다. 그 자신도 솔기 매듭 장신구가 달린 갈색의 이탈리안 로퍼를 신고 있었다. 그 다음날 그의 구두는 한 신문에 인용되었다. "남자는 이탈리안 솔기 매듭 장신구의 신발을 신을 권리가 생길 때까지 검정의 레이스 구두를 신어야 한다." 나도 동의 한다. 사회적으로 어느 정도의 지위와 능력이 있는 사람이라면 신발을 고를 때 폭넓은 선택을 할 수 있다. 이제 막 지위와 능력을 향한 발걸음을 시작한 사람이라면 검정의 고전적인 구두를 착용해야 한다.

양말

남성의 양말은 얇은 검정, 그리고 충분히 목이 길어야 한다. 앉건 서건 맨 종아리가 보이지 않을 정도로 길고 팽팽해야 한다. 맨다리가 드러나는 것은 촌스러움의 극치다. 양말을 지지하는 밴드를 사용해 팽팽함을 유지해야 한다. 고무줄도 안될 이유가 없다. 오늘날 남성의 양말은 패션의 한 표현이며 많은 남성들이 자기의 개성을 나타내기 위해 양말을 이용한다. 하지만 갈색의 이탈리안 로퍼처럼 멋스런 양말은 일정한 자격이 주어져야 한다.

모자

신사는 실내에 들어설 때 모자를 벗어야 한다. 네 벽이 존재하지 않지만 레스토랑으로 간주되는 노천 카페에서도 모자는 탈의를 해야 한다. 햇빛에 민감하거나 또는 건강상 이유로 모자가 필요한 사람이라면 예외의 규칙을 적용받는다. 하지만 야구장 모자 같은 베이스볼 캡 등의 스포츠 모자를 착용하는 것은 프로로 간주되지 않는다. 많은 프로 비즈니스맨들이 베이스볼 캡을 벗어던지

고 멋진 펠트 중절모를 대신 사용해 왔다. 정말 멋지고 프로다운
모습이다.

여성 드레스 코드

정장

여성은 치마 정장이 가장 적절하고 전문적으로 보인다. 바지는
여전히 두 번째이다. 남성과 마찬가지로 가장 적당한 정장 컬러는
남색과 검정, 짙은 회색 그리고 핀 스트라이프 스타일이다. 대부
분의 백화점에 진열돼 있는 수많은 여성 정장의 색상을 고려한다
면, 놀라운 일일지도 모른다. 그럼에도 비즈니스 업무 환경이라면
여성이건 남성이건, 고전적이고 보수적인, 비즈니스 프로페셔널
색상을 골라야 한다.

기업문화가 상당히 보수적인 한 기업을 컨설팅한 적이 있다.
첫날 본사를 방문하면서, 적절한 여성 비즈니스 정장이라 생각한
골드 색상이 가미된 샤넬 스타일의 옷을 착용했다. 날씨는 따뜻했
고 밝은 색상이 문제될 것이 없었다. 아주 훌륭한 정장이었고, 그
래서 여러가지 상황에 맞는 적당한 정장이라 생각했다. 세션 중간
에, 로비에서 회사의 사장을 우연히 만났다. 악수를 했고, 인사를

나누었고, 헤어졌다. 아침 강의를 끝낸 후 점심 시간 중, 강의 진행을 맡아 나를 도와준 여성이, 오늘 아침에 인사를 나눈 사장이 나의 옷차림에 관해 걱정을 했다는 말을 전했다. 그 후로 내가 만약 다시 그 회사에 가서 일을 한다면, 가장 프로페셔널한 옷을 입을 것이라고 생각했다. 그 날 착용한 정장의 색상은 이 기업과 어울리지 않았던 것이다. 남색, 검정, 회색 그리고 그 색상에 핀 스트라이프를 입을 것이다.

모욕감을 느꼈다. 하지만 그 경험은 유익했다. 놀랍게도 나는 아직도 이 회사와 거래를 하고 있다! 사람은 늘 실수를 하고 또 그럴 것이다. 그러는 과정 중에 수정하고 교정하는 모습에서 우리는 평가된다. 프로페셔널한 디자인일지라도, 색상에서도 프로다운 모습을 풍겨야 한다. 어떨 때는 화려한 색감의 정장이 어울릴 자리가 있을지 모르지만 새로운 고객과의 첫 미팅이나 프리젠테이션 장소에서는 아니다. 당신의 정장 색상은 고전적인 비즈니스 감각에 동조해야 한다.

보수적인 색상 선택의 룰은 일정한 자격이 있는 사람이라면 깰 수 있다. 최근에 한 회사의 여성 고위 임원을 만나 프로페셔널한 드레스 코드에 관해 대화를 나눈 적이 있다. 이 여성이 자기 회사의 동료 임원들과 사장에게 중요한 프리젠테이션을 한 적이 있었다. 아침에 일어나 전통적인, 위험부담 제로인 고급의 검정 정장과 핑크색 정장을 놓고 고민을 했다. 그녀는 핑크 정장을 선택했다. 프리젠테이션이 진행됐다. 다음날 회사의 사장을 만났는데, 사장은 프리젠테이션에 많은 찬사를 했고 핑크 정장에 관해서는 전혀 언급을 하지 않았다.

분명히 이 여성은 직위도 있었고 이 색상을 고를 만한 자신감이 있었기 때문에 문제가 없었다. 그녀는 룰을 알았지만 자신의 효과를 극대화하기 위해, 언제 의식적으로 그 룰을 깨뜨려야 하는지도 알았기 때문에 가능했던 것이다. 하지만 샌디 웨일의 이탈리안 로퍼와 마찬가지로, 그 룰을 깨기 위해선 일정한 자격이 필요하다. 그녀의 입장에선 높은 직위에 있었고, 그래서 룰을 깨뜨릴 수 있는 선택이 가능했던 것이었다. 하지만 그녀가 회사에서 그 정도의 위치에 오르는 과정 중엔 검정 색상의 정장을 핑크보다 더 자주 입었을 것이다. 그리고 만약 그녀가 사내 동료 임원들이 아닌 외부 고객에게 프리젠테이션을 했다면, 그녀의 핑크 정장 선택은 아마 틀림없이 시커먼 결과로 끝났을 것이다.

여성 복장에는 훌륭한 색상이 많이 있다. 여성에겐 진한 보라색, 라벤더, 오렌지 색상이 가장 나아 보일 수도 있다. 하지만 이런 색상은 사교 모임에서 가장 잘 어울린다. 당신의 목표는 상대방과의 신뢰를 형성하고 관계를 정립하는 것이다. 감각에 맞는 패션으로 상대방에게 깊은 인상을 주는 것은 당신의 아젠다에 없을 것이다. 항상 그렇듯이 갈색은, 여성에게도, 비즈니스 정장에서는 절대 권유되는 색상이 아니다!

셔츠

정장의 컬러를 선택한 후, 당신의 복장 체크리스트에서 다음으로 가장 중요한 아이템은 셔츠가 될 것이다. 중간 톤의 색이 가장 좋다. 당신의 셔츠, 블라우스 또는 스웨터는 너무 크거나 너무 몸에 짝 붙으면 안된다. 목은 가슴선이 드러나면 안된다. 일본에서는 여성 몸매의 가장 관능적인 부분이 목으로 간주된다. 그래서 V-neckline은 '절대' '절대' 주의가 필요하다. 비즈니스에서 주름 장식과 레이스는 적절하지 않다. 오래되어 헐은, 심지어는 헐은 느낌의 셔츠조차도 과감히 버려라. 자연스러운 천인 면, 실크, 면 실크 그리고 캐시미어가 가장 좋다. 어떤 종류의 셔츠이건, 양질의 천으로 제작된 것을 골라라.

바지

상원의원인 힐러리 클린턴의 패션 리더십 덕택에 오늘날, 비즈니스 환경에서 바지는 더욱더 인기 있는 패션 아이템으로 받아들여진다. 힐러리는 전문적인 행사에 바지 정장을 자주 입고 나와 사진기자들 앞에서 포즈를 취한다. 하지만 힐러리도 보수적인 색상인 검정, 블루 그리고 회색의 바지 정장을 입고 나와 비즈니스 복장 표준에 순응하는 모습을 보인다.

진 바지 또는 콤비 정장은 추천할 만한 것이 못된다. 상·하의가 한 벌로 만들어진 바지 정장을 입는 것이 훌륭한 선택이다.

스타킹

38도 또는 -10도의 날씨이건 비즈니스 세팅에서 여성의 스타킹은 필수적인 아이템이다. 적절한 색상의 선택이 중요하다. 흰색은 간호사를 위한 색상이다. 비즈니스에서 흰색 스타킹과 구두는 절대 착용하지 않는다. 날씨가 더운 여름에는 튀지 않는 중성적인 색상이나 베이지가 적당하다. 봄가을엔 짙은 갈색을, 겨울에는 투명하지 않은 검정이면 좋다. 스타킹과 관련된 일반적인 실수는 많은 여성들이 속이 들여다 보이는 검정 스타킹을 착용하는 것이다. 그런 스타일의 스타킹은 저녁 사교 모임이나 파티에 착용하는 것이다. 대신 불투명한 스타킹이 조금 더 프로다운 모습을 연출하고, 비즈니스 세팅에 더 어울린다.

구두

백화점 여성 정장 코너의 아주 다양한 색상 같이, 오늘날 여성들이 선택할 수 있는 구두의 종류는 실로 다양하다. 신발을 선택할 때 많은 여성들이 패션 구두의 유혹을 물리치기 어렵다. 하지만 이런 것은 비즈니스 환경에서는 실수를 자초하는 것이다. 발뒤꿈치가 끈으로 된 슬링백, 발가락이 노출되는 오픈 토우, 뾰족한 굽의 구두는 비즈니스 세계에서 설 자리가 없다. 그런 구두를 신는 것은 당신의 경력에 별로 도움이 되지 않을 것이다. 대신 가장 좋은 선택은 고전적인 끈 걸쇠가 없는 펌프이다. 무두질한 스웨이드 구두는 가격도 비싸지 않지만 긍정적인 인상을 주는 수준 높은 정장 구두이다.

실제 사람들은 남들이 신는 구두에 관심이 있을까? 아주 많다. 특히 당신이 청중 앞에 서거나 연단에 서는 사람이라면 당신의 구두에 대한 사람들의 관심은 대단하다. 청중들의 시선이 연단에 서 있는 당신의 구두에 바로 연결되기 때문이다. 당신의 구두가 업무보다는 파티에 더 잘 어울린다고 생각한다면 그들은 귀신 같이 알아차린다. 많이 닳았거나, 적절히 깨끗하게 유지되지 않고 있다면 놓치지 않을 것이다. 당신이 하고 있는 옷차림과 어울리지 않는 구두를 착용하고 있다면, 또한 알아차릴 것이다.

구두에 관한 룰은 이렇다. 구두는 바지나 스커트의 끝자락보다 진해야 한다. 당신을 둘러싼 관객들은 당신을 머리부터 발끝까지 훑는데 시간을 아끼지 않을 것이다. 적절하게 입고 착용하고 있다면, 적어도 당황하지는 않을 것이다. 당신은 완벽하고, 정확하고, 프로답게 입고, 착용했기에 자신감이 생길 것이다.

보석

액세서리 착용은 적을수록 좋다. 하지만 액세서리는 보수적인 비즈니스 복장 표준만 지킨다면 잘 어울리는 보조물이 된다. 골드와 진주는 가장 고전적인 선택이다. 실버가 피부톤, 머리 색, 눈 또는 다른 복장의 아이템과 잘 어울린다면, 실버는 선택 가능한 액세서리가 될 것이다. 전체적으로 보석의 환상 콤비는 시계, 팔찌 그리고 골드 체인, 진주, 작은 펜던트 같이 목 주변에 착용하는 것들 그리고 귀걸이 등으로 구성돼 있다.

달랑거리며 붙어 있는 어떤 것들도 비즈니스 세팅에선 착용을 자제한다. 이것은 귀걸이나 장식 고리가 있는 팔찌 등에도 적용된다. 사교 모임에서는 훌륭한 액세서리지만 업무 환경에서는 당신의 프로페셔널한 이미지를 분산시킬 것이다. 자켓에 부착한 커다란 브로치도 좋은 선택이 아니다.

시계에 관해서는, 한때 비즈니스 업무 중 비싼 시계를 차는 것이 아주 훌륭한 전략이라고 여겨지던 시절이 있었다. 품격있고, 그런 시계를 찰 수 있을 정도로 능력이 있다는 것을 암시하기 위해서였다. 비즈니스 세계에서 롤렉스 같은 브랜드는 성공과 동경의 표현이 됐었다. 요즘 그런 믿음은 상당히 완화되었다. 아주 근사한 롤렉스를 차고 있는 것은 과시하는 걸로 간주된다. 사람들은 그런 시계를 차는 사람 중에 실제 아주 일부만이 그런 시계를 찰 수 있는 사람인걸 알 만큼 충분히 현명해졌다. 오늘날 비즈니스에서 테이블 맞은 편에 앉아 있는 파트너가 그런 비싼 시계를 찬다면 문제가 될 수 있다. 상대방을 유혹하기 위한 것인가?

그렇기에 보수적인 선택을 하고 양질의 시계이지만, 많이 알려지지 않은 시계를 착용하는 것이 훨씬 위험 부담을 줄일 수 있다. 스포츠 시계는 스포츠 활동을 할 때만 사용한다. 취미라고 하기에는 조금 더 매니아라서, 예를 들면, '철인 3종 경기'에 참가하기 위해 심장 박동 체크기를 하고 다닌다면, 이런 것들은 대화를 촉진시킬 뿐만 아니라, 상대방이 당신을 이해하는데 많은 도움이 될 것이다.

스카프

아주 양질의 패션 스카프는 우아한 액세서리이다. 하지만 원하는 효과를 얻기 위해서는 적절히 착용해야 한다. 과도한 스카프는 오히려 방해만 된다. 또한 스카프는 몸을 따뜻하게 하는 보온 효과가 있다. 약간 열 받을 상황이 예상된다면, 스카프는 당신의 감각을 녹아 내리게 할 수도 있다. 만약 이런 상황이라면, 아무리 좋아 보일지라도, 집에 놓고 가던지 인사를 나눈 후 또는 프리젠테이션을 시작한 후 바로 걷어낸다. 스카프는 훌륭한 액세서리지만 해야 한다면 고전적인 브랜드나 그런 무늬가 있는 걸로 착용하라. 매듭 묶는 법을 익혀 착용한다. 남자의 핑크 타이처럼, 소리를 빽지르는 듯한 스카프는 자제한다.

손 가방

비즈니스 미팅에는 작은 가방을 가지고 가는 것이 좋다. 쇼핑할 때 유용할 것 같은 큰 가방은 소지하지 않는다. 어깨에 걸쳐 맨 엄청난 가방은, 당신 인생도 마찬가지로 복잡다단해 보인다. 어깨에 매면 잊어버리고 다닐 수 있을 만큼 작은 손 가방을 골라라. 나는 종종, 내 서류 가방에 감출 수 있을 정도의 작은 손 가방을 갖고 다닌다. 손 가방에는 필요한 것만 넣는다. 치실, 구강 청정제, 립 글로스 그리고 아이 라이너 등은 모두 중요하다. 하지만 소지가 간편한 작은 샘플 사이즈를 휴대하고 다녀라.

미팅 중에 손 가방은 어디에 두어야 하는가?

서류 가방 안에 넣는 것이 편하고 안전하다. 다리 옆 테이블 밑에 두는 것도 물론 좋을 것이다. 이것은 미팅 룸이나 레스토랑에서도 마찬가지다. 당신이 앉아 있는 의자에 걸어놓고 싶은 충동은 자제하라.

향수

보석이나 액세서리처럼 향수도 적게 사용하는 것이 더 낫다. 개인적으로 나는 향수 사용을 권장하는 편은 아니다. 향수 냄새가 상대방을 불쾌하게 할지, 관심을 분산시킬지 모르기 때문이다. 하지만 꼭 사용해야 한다면, 가벼운 향수를 사용한다. 아무리 매력적일지라도, 과다한 향수의 사용은 프로 이미지를 반감시킨다.

코트의 선택과 에티켓

코트는 전문적인 비즈니스맨의 느낌을 주는 색상과 스타일을 고른다. 스키 파카나 다른 스포티한 코트는 비즈니스 전문성을 떨어뜨린다. 짙은 색상의 카키 베이지 또는 그린 카키 색의 코트는 상대방에 대한 존중과 프로페셔널리즘을 전달하는데 적당하다. 코트의 길이와 관련해서는, 여성의 스커트, 남성의 종아리 중간보다 긴 것이 무릎 위로 올라오는 길이보다 훨씬 프로다워 보이는 것을 잊지 말라.

해진 코트는 과감히 버려라. 잘 맞지 않는 것도 버려라. 그리고 드라이 클리닝 하는 것을 잊지 말라. 당신의 고객이나 비즈니스 파트너는 당신의 코트를 보고 있다. 구겨지거나, 적절하지 않거나, 맞지 않는 또는 잘 보관되지 않은 코트를 완벽하게 잘 차려입은 정장 위에 걸치는 것은 패션 감각 제로인 경우이다. 당신의 코트는 차에서 내릴 때, 리셉션 장소에 들어설 때, 사무실에 들어설 때 관객들에게 보여질 것이다. 다른 복장에 신경을 쓰는 것만큼 코트에 주의를 기울여라.

레스토랑에서 코트는 어떻게 처리해야 하나? 가장 이상적인 경우는 코트 체크 룸에 맡겨야 한다. 하지만 어떤 레스토랑은 코트 체크 장소가 별도로 마련되어 있지 않고, 의자 뒤에 걸어두는 것이 불편할 수도 있다. 이럴때 처리하는 적절한 순서가 있다. 오버코트의 가장 밑 단추부터 푼다. 아직 코트를 걸친 상태에서 테이블에 앉는다. 그런 후 어깨에서 코트를 벗겨낸 후 의자 뒤쪽에 씌우듯이 걸어 둔다. 이런 방법으로 저녁 내내 코트에 앉은 상태로 식사를 해도 전혀 문제되지 않는다. 하지만 코트를 벗어 감추

듯이 바로 옆에 의자에 접어 두고 싶은 생각은 가급적 하지 않는 게 좋다.

장갑

악수를 할 때는 장갑을 벗는다. 한겨울 영하로 떨어지는 날씨에도 벗어야 한다. 악수 시 장갑을 벗어 장벽을 제거하라. 그토록 기대했던 고객과의 관계를 만드는데 있어서 어떤 것도 장벽이 되지 않게 하라. 장갑을 끼고도 악수를 할 수 있는 사람은 오직 영국 여왕뿐이다!

선글라스

행사나 미팅 장소에 도착할 때, 떠날 때, 눈을 보호하는 선글라스를 쓰는 것은 적절하다. 하지만 비즈니스에서 상대방의 눈동자를 보자마자 바로 벗어야 한다. 선글라스는 눈을 숨기고 장벽을 만들어서, 상대방과의 관계를 증진시키기 위한 신임을 얻지 못하게 만든다. 따뜻하고 직접적인 시선 마주침은 당신과 당신 파트너와의 신뢰의 끈을 형성하는데 절대적이다. 고객이나 비즈니스 파트너를 보자마자 선글라스를 벗고 악수를 하라.

비즈니스 캐주얼

비즈니스 캐주얼이 무엇인가? 비즈니스 세계에서 이 질문에 대해 많은 사람들이 머리를 쥐어 뜯는다. 1990년부터 시작된, 닷컴 비즈니스의 리더들이 많은 영향을 끼친, 전통적인 비즈니스 복장에서 벗어난 복장을 의미한다. 사업을 시작하는 사람들은 '비즈니스 캐주얼'에 관한 룰을 만들면서 사업을 시작하곤 했다. 종종, 이 문구는 회사의 미팅 아젠다 리스트에도 올랐고, 컨퍼런스 브로셔에도 등장했다. 하지만 현실적으로, 어느 누구도, 진정한 비즈니스 캐주얼에 관한 정의를 내리지 못했다. 이러다 보니, 비즈니스 캐주얼의 표준은 사람마다 다르고 회사마다 다르다. 진바지에 폴로 셔츠 아닙니까? 샌달에 청바지 입는거 맞죠? 아니, 타이를 매야 하나? 양말을 신어야 하나, 스타킹은 제브라 패턴도 괜찮은지? 비즈니스 캐주얼은 이 중에 모두 다 또는 모두 아닐 수도 있다. 비즈니스 캐주얼에 관해서는 특별한, 절대적인 정의가 없다.

결과적으로, 어떤 행사에 초대를 받았는데 비즈니스 캐주얼이란 드레스 코드가 있다면, 회사마다 비즈니스 캐주얼이 의미하는 바가 다 다르기 때문에 주최 측에 정확하게 물어보는 것이 현명하다. 지금은 회사들이 다시 복고풍의 비즈니스 정장으로 돌아서고 있다. 프로 비즈니스맨은 존중과 신뢰를 얻기 위해 프로다운 복장을 해야 한다. 오늘날 비즈니스 캐주얼은 숨을 한번 고르고 있는 듯이 보이고, 경쟁이 치열한 고급 비즈니스에서는 더 이상 유행이 아니다.

예복

형식을 갖춘 행사에 참석할 때는 남성은 턱시도, 여성은 적절한 드레스와 액세서리를 해야 한다. 여성은 착용하는 드레스의 색상과 천을 고려해야 한다. 예를 들면, 가을과 겨울에 열리는 행사라면 검정 벨벳 드레스가 완벽하다. 하지만 더운 계절이라면 벨벳 드레스는 안된다. 신경을 써서 색상과 천을 골라야 한다. 반짝거리는 '빤짝이' 복장은 저녁에 진행되는 행사에 적합하지만, 오후에 열리는 가든 파티에는 적절하지 않다. 따뜻한 계절에는 면이나 린넨으로 만든 천을 고른다.

회사 파티 복장

회사에서 열리는 파티에는 어떤 복장을 해야 할까? 생각만큼 힘들지 않다. 이유는 이렇다. 파티라고 하지만 사실은 업무의 연장이다. 당신은 비즈니스 파트너와 동료, 회사의 상사들, 그리고 고객들을 볼 것이고, 보여질 것이다. 그러므로 파티 복장의 선택은 상당히 간단하다. 비즈니스 복장으로 적절해야 한다.

크리스마스, 시무식 등의 파티에서는 느슨해지고, 자신의 개성을 드러내고, 조금 더 유행을 따르는 쪽으로 흐르기 쉽다. 이해가 될 만하다. 하지만 당신이 만날 사람들은 신년 시무식이 끝나고 여전히 컨퍼런스 테이블에서, 회사의 복도에서 볼 사람들이라는 것을 기억하라. 파티에 참석하는 드레스를 뽐내기 위해 당신의 프로페셔널 이미지를 포기하진 말라. 회사 파티에 참석할 때는 보수적인 복장을 택하라. 절제된 모습으로 먹고 마시고 보수적인 경향으로 모드를 맞추어 행동하라. 당신의 프로페셔널한 이미지는 지극히 손상되기 쉽다.

Chapter 12

Business Cards
명함은 비즈니스맨의 얼굴이고 인생이다

당신의 명함이 보여줄 초점은 당신 자신이다.
전화번호나 이메일 주소에
당신의 이름이 묻혀서는 안된다.

이번 장에서는 거의 의식에 가까운 명함 교환과 관련된 에티켓을 살펴보자. 우리가 오늘날 사용하는 비즈니스 명함 교환 방법은 상당 부분 일본에서 유래된 것이다. 일본인들은 명함을 한 사람의 얼굴로 인식한다. 체면이 중요한 일본인들에게 명함은 단지 몇 줄의 정보가 아니다. 명함은 한 사람의 인생이고 삶이기도 하다. 명함과 관련된 에티켓은 일본인들이 전 세계 구석구석에서 보여준 헌신적인 노력으로 세계인의 표준이 되었다. 이러한 관점에서 명함에 관한 에티켓은 나라와 문화를 떠나서 중요한 비즈니스 절차로 인식해야 한다.

어떤 종이를 사용하고, 어디에 명함을 보관하고, 어떻게 살펴보며, 사용되고, 궁극적으로 어디에 놓여야 하는지 등의 섬세한 과정을 무시해선 안된다. 비즈니스에서 예외없이 발생하는 명함 교환 순간을 중요하게 생각하면 의미 있는 이점을 제공할 것이다.

비즈니스 명함과 관련한 고려 사항

명함 교환 에티켓은 카드 자체에서 이미 시작된다. 명함을 만들 때 기억할 것은, 이 한장의 종이가 당신을 대변한다는 것이다. 비즈니스 카드는 실제 접촉하기 위한 정보만을 담기 위한 종이 쪽지가 아니다. 오히려 비즈니스 명함은 당신과 당신이 속한 조직을 반영하는 물리적인 표현이다. 이런 것을 염두에 두고 현명하게 골라야 한다.

명함의 질

카드의 질은 가장 고급인, 프로다운 느낌을 주는, 가능하다면 거의 100% 코튼으로 만든 고급의 종이를 사용해 만들기 권장한다. 더욱더 많은 사람들이 약간 비싸긴 하지만 고급스러운 느낌을 주는 명함을 선택한다.

질 낮은 소재의 명함은 오랫동안 지속되는 부정적 인상을 남긴다. 한번은 한 기업의 사장, 전무와 미팅을 한 적이 있었다. 사장의 명함은 양각으로 새겨진 양질의 재료로 만들어졌다. 전무로부터 받은 명함은 얇은 싸구려 재질이었다. 디자인도 형편없었다. 글자는 작게 인쇄되어 안경을 쓰고도 읽기 힘들 정도였다. 이런 '깨는 명함'은 내 머리속에 그대로 남아 있다. 왜 사장은 자기 명함에는 돈을 투자하고 전무 명함에는 그렇게 하지 않았을까? 그

전무는 양질의 재료로 만든 명함을 소지할 가치도 없었단 말인가? 사장은 이런 작은 차이가 간과되리라고 생각했을까? 그래서 누구도 쉽게 알아차리지 못할 것이라고 생각했을까? 파트너가 좀 허접한 명함을 받았다라는 사실만 기억할 것이라 생각한다면 사실을 잘못 판단한 것이다. 어떻게 됐건, 결과는 그들의 이런 일관성의 결여와 작은 디테일에 관한 무관심이 그들의 회사, 경영 방법에 의구심을 갖게 만들었고, 결국 우리의 비즈니스 관계까지도 손상시켰다.

첫째, 전무에 관해 그다지 바람직한 인상을 갖지 않게 되었다. 그의 명함은 싸구려였고 세심한 주의를 기울인 흔적이 없었고, 자신감이 결여된 듯이 보였으며, 그런 것들은 결국 상대방에 대한 존중을 표현하는 능력을 의심하게 만들고, 심지어는 신뢰에까지 영향을 미쳤다. 그것은 마치 미팅 테이블에 싸구려 복장을 하고 나와서 점심식사 도중 형편없는 테이블 매너를 보인 것과 다름없었다. 비즈니스 명함 같이 기본적인 것조차 신경을 쓰지 않는 사람을 어떻게 신뢰할 수 있단 말인가? 덧붙여 말하자면, 그는 겉보기에도 신경을 쓰지 않은 싸구려 정장을 입고 있었다. 더 이상 할 말이 없었다.

둘째, 이 사람의 비즈니스 명함은 이 회사 사장에 대한 나의 인상에도 영향을 끼쳤다. 이 회사 사장에게 브랜드의 일관성은 그다지 중요치 않은 것이다. 이런 것들조차도 부주의하고 일관되지 못할 때, 그리고 사람들이 알아차리지 못할 거라고 생각한다면, 그 외에 다른 것에는 얼마나 안이할까?

명함의 색상

명함의 색은 비즈니스적이어야 하고 당신의 브랜드를 반영해야 한다. 백색은 가장 일반적인 프로다운 선택이다. 미색이나 엷은 회색 또한 우아하고, 고급스럽다. 핑크나 라벤더 또는 적갈색은 피하라. 이러한 색들은 당신이 보여주고자 하는 프로페셔널한 이미지를 훼손시킬 수 있기 때문이다. 그렇지만 당신의 직업이 색을 사용하는 직업, 예술가나 디자이너라면, 좀 더 자유로운 색과 그래픽을 사용할 수 있을 것이다. 유사하게 당신의 직업이 아이들과 장난감을 이용하는 직업이라면, 무지개색 또는 다른 테마를 갖고 있는 컬러의 사용이 브랜드 이미지에 딱 맞아 떨어질 것이다. 중요한 것은 명함이 당신의 이미지를 강화시키거나 보조해야지, 산만해지거나 가치가 떨어지게 하면 안된다는 점이다.

명함의 구성

때로는 창의적인 디자인과 강조점이 직위와 서열을 밝히는데 유용하게 사용될 수 있다. 예전에 참석했던 인맥 쌓기 모임에서, 하이테크 기술 회사에 근무하는 여섯 명의 직원으로부터 비즈니스 명함을 받은 적이 있다. 여섯 장 중 네 장은 평범한 흰색의 양질의 명함이었다. 나머지 두 장 중 한 장은 상단 한쪽에 우아한 은색의 무인이 찍혀 있었고, 하나는 회사 내에서 자기의 직위를 나타내는 금도금된 무인이 찍혀 있었다. 이 디자인들은 아주 아름답게 배치되고 표현되었다. 금과 은 색상의 선택 또한 자기들이 속한 직위를 센스 있게 반영하고 있었다. 명함을 레이아웃하고 디자인 할 때도 주의를 기울여라. 그만한 가치가 있을 것이다.

명함에 담긴 정보를 세심하게 구성하라. 그래서 당신의 이름이 전화번호, 이메일 주소, 그 외의 정보를 기록한 라인에 의해 압도당하지 않게 강조하라. 물론 연락이 닿을 수 있는 정보는 중요하다. 하지만 이 카드에는 무엇보다도 당신 자신을 전달할 수 있는 정보가 담겨야 한다. 그래서 당신의 이름이 가장 중요하고 당신 명함의 초점이 되어야 한다.

궁극적으로 명함의 목적은 당신과 당신의 조직, 그리고 회사가 제공하는 상품과 서비스를 반영하고 표현되도록 해야 한다. 카드를 디자인할 때 이러한 목적을 염두에 두고 만들어야 한다.

명함 교환

일본에서 수입된 의식과도 같은 명함 교환 과정은 대단한 존중을 표현한다. 상대방이 내 이름을 볼 수 있게 명함을 두 손가락, 엄지와 검지를 사용해 두 코너를 잡는다. 상대방이 이름을 읽기 위해서 다시 돌리지 않도록 앞을 향하여 준다. 상대방이 이런 방법으로 명함을 줄 때는 같은 방법으로 다른 한쪽 코너를 엄지와 검지를 사용해 받는다.

미국과 캐나다에서는 명함을 테이블을 사이에 두고 마치 장난감처럼 날리는 것을 흔히 본다. 하키용 고무 원반 같이, 튕기거나 쏘듯이, 상대방을 전혀 배려하지 않고, 적절한 주의도 기울이지 않고 건네주거나 날린다. 명함을 소홀히 다루는 것은 당신의 이미지를 격하시킨다. 명함은 당신의 연장이고 당신이 업무 관계를 정립시키고자 하는 파트너에게 당신을 보여주는 매개체라는 것을 꼭 기억해야 한다. 명함을 당신이 제공하는 서비스 또는 비즈니스 같이 소중히 다뤄라. 이렇게 하는 것이 프로페셔널하고 겸손해 보이고자 하는 원래의 의도를 강화시킬 것이다.

명함을 받을 때 필요한 올바른 에티켓은 명함을 줄 때 요구되는 에티켓만큼이나 중요하다. 적절한 방법으로 명함을 받을 때, 명함을 제시하는 사람과 확실하게 동조의식을 갖게 된다. 명함을 주는 사람은 받는 태도만 보고도 당신과 당신의 매너를 가름할 것이다. 명함을 적당히 받을 줄 안다면, 올바른 에티켓과 전문적인 비즈니스 행동양식을 아는 사람이라는 메시지를 줄 것이다.

사람들은 무심코 명함을 받아 지갑이나 가방에 집어넣는다. 이건 심각한 실수이다. 명함을 받자마자 상대방의 이름과 직위를 한 번 읽어본다. 그런 후 눈과 눈썹까지 올려가며 명함을 준 사람과 눈을 마주치며 상대방의 비즈니스에 관심을 표명한다. 이렇게 상대방의 비즈니스에 관한, 개인에 관한, 삶에 관한 관심을 표명하는 것이 실제 비즈니스 명함의 수교에 목적이 되야 한다. 간단한 행동이지만 의미심장하다.

이러한 주장을 뒷받침할 만한 이야기를 하나 소개하겠다. 친구 중 하나가 처음으로 홍콩을 업무차 방문했다. 그의 잠재 고객과 인사를 나누던 중, 몇 개의 명함을 받았다. 늘 그랬던 것처럼, 각각의 명함을 두 손으로 받아, 잠시 동안 정말 꼼꼼히 살폈다. 무의식적으로 한 이러한 행동이 그의 잠재고객에게 상당히 인상적이었나 보다. 상대방은 그러한 태도에 많은 관심을 표했다고 한다. 많은 명함을 주고받았지만 그렇게 진지하고 성실하게 명함을 받은 사람은 없었다고 한다.

그리고 그들은 아주 멋진 비즈니스와 개인적인 친분 관계를 유지해 나갔다. 그의 이러한 행동은 의도하지 않고 자연스럽게 나타났지만 결국엔 긍정적인 결과로 나타났다. 상대방과 상대의 비즈니스에 대한 존중을 보이는 것은, 결국 명함의 올바른 존재가치이기도 한, 당신에 관한 강력한 인상을 만드는 것이다.

명함 교환하기에 이상적인 시간은 미팅이 시작될 때다. 명함에 있는 정보들은 그 이후에 진행될 미팅에서 더 좋은 성과를 올리는

데 도움이 될 것이다. 이름과 직위를 호칭하며 미팅 중에 각 개인을 참조하고, 전문분야에 관해 직접 구체적인 언급을 하며, 상세한 것에도 관심을 기울인다는 느낌을 주어 프로다운 이미지를 강화 시킬 수 있다.

명함에 핸드폰 번호가 빠져있다면 어디에 적어두나?

명함 뒤쪽에 적는다. 하지만 작은 뉘앙스를 부가하는 것을 잊지 말라. 예를 들면, "괜찮으시다면 명함 뒤쪽에 전화번호를 좀 적어도 되겠습니까." 이렇게 함으로써, 상대방에게 적절한 명함 에티켓을 아는 것을 암시하며, 물리적으로 상대방의 얼굴에 글을 쓰는 것이 적절하지 않다는 것을 알릴 수 있다.

Chapter 13

Travel
세계는 넓고 문화 차이는 많다

논리적이고 직선적이며 현재지향형의
성격을 가진 저맥락 문화와 직관적이고 비언어 커뮤니케이션을
선호하는 고맥락 문화의 차이를 알아야
글로벌 비즈니스를 이해할 수 있다.

글로벌 환경에서는 글로벌 매너를 이해하는 것이 성공적인 비즈니스를 위한 중요한 열쇠가 된다. 즉각적인 커뮤니케이션과 글로벌 여행이 일반적인 오늘날, 세계적인 비즈니스 기회는 늘어나고, 수많은 인맥을 갖게 된다. 글로벌 비즈니스 환경에서, 현명한 비즈니스맨이라면 출발하기 전에 여행 준비를 하고, 목표로 하는 방문국의 관습을 조사할 것이다. 그렇게 하기 위해 시간을 투자하고 노력하는 것은 외국 파트너에 대한 존중을 표현함과 동시에 문화와 전통적인 관습에 대한 존중도 표하는 것이다. 이 장에서는 글로벌 비즈니스와 해외 출장에 관한 이슈들을 다루어보자.

세상은 서로 다른 문화를 갖고 있는 사람들이 교류하고 커뮤니케이션하는 무대이다. 문화학자인 에드워드 티 홀은 문화를 '인간의 매개체'라고 정의했다. 단 한 가지도 문화에 의해 다루어지지 않는 인간의 모습은 없다. 문화에는 정치와 경제시스템이 어떻게 조직되고 운영되는지, 감정은 어떻게 표현되는지, 인간의 개성, 생각하는 방법, 행동 양식, 문제 해결은 어떻게 진행되는지, 도시들은 어떻게 계획되고 만들어지는지, 교통시스템은 어떻게 운영되고 조직되는지 하는 것들이 다 포함된다.

대략적으로 말하면 문화는 고맥락과 저맥락 문화의 두 가지 형태의 나뉘어진다. 이 두 가지 문화권은 언어-비언어 커뮤니케이션을 포함한 언어관습, 전통관습, 가치의 이해, 시간과 공간에 관한 인식, 커뮤니케이션의 방법이 다르다. 여기서는 중요한 두 가지 이슈들을 보겠다.

북미, 서유럽을 중심으로 한 저맥락 문화의 주요 특징은 다음과 같다.

⊙ 개인주의
⊙ 논리적이며 직선형
⊙ 조금 더 "이곳과 현재" 지향형
⊙ 변화는 선: 시간은 금이다
⊙ 비언어 커뮤니케이션보다는 직접 커뮤니케이션 강조
⊙ 직관보다는 사실
⊙ 직접적이며 경쟁적
⊙ 열린 질문과 현상에 대한 도전

반면, 아시아, 아프리카, 남미, 중동을 중심으로 한 고맥락 문화의 중요한 특징들은 이렇다.

- 개인의 성취보다는 집단 합의 지향

- 개인간의 신뢰를 증진하는 것은 최고의 선

- 직관적: 말과 논리보다는 감정이 더 가치가 있음

- 비언어 표현을 더 중요하게 여김

- 전통 지향적

- 바디랭귀지, 목소리, 목소리 톤, 제스처 그리고 가족의 지위 같은
  행동 스타일이 훨씬 더 중요함

- 겸손 그리고 공손한 사과 등이 요구됨

문화는 어떻게
비즈니스에 영향을 끼치는가?

시간의 정확성

문화에 따라 시간을 받아들이는 개념에 차이가 있다. 미국과 서유럽인들은 흑백의 시간 관념을 갖고 있다. 시간은 돈이다. 고맥락 문화권은 총 천연색의 시간 개념을 갖는다. 시간은 서로 얽힌 개념이다.

물론 시간의 정확성은 중요하다. 하지만 당신과 만나기로 예정돼 있는 파트너가 10~15분 일찍 또는 늦게 도착한다고 놀라지

말라. 최근 많은 공사와 교통체증이 있는 중국에서, 미팅에 늦는 것은 일반적이며 사람들은 왜 그런지 이해한다. 누구도 이런 것을 모욕적이라 생각하지 않는다.

커뮤니케이션

나의 언어와 고객 국가의 언어를 하는 사람을 수배해 놓아야 한다. 떠나기 전 관습과 여행에 관한 정보를 구하고, 출장 중 그러한 문제들을 논의할 수 있는 사람을 대기시켜라. 여행 후 무엇이 문화적인 실수였는지를 알 때까지 기다리지 말라. 이미 너무 늦은 것이다. 사전 조사와 계획을 세우고 많은 준비를 하는 것이 효과적인 출장과 글로벌 비즈니스에 도움이 될 것이다.

떠나기 전 홍보나 협상 자료는 번역과 인쇄가 돼 있어야 하며, 파트너 국가의 언어로 프리젠테이션을 해야 한다. 종종 문화적인 실수가 잘 준비된 미팅을 망칠 수 있다. 한번은 일본에서 문화적인 오해를 겪은 경험이 있는 TV 방송국 임원을 만나 이야기를 나눈 적이 있었다. 전에 알던 지인을 통한 덕분에 몇 개월 동안 준비를 해서 성사시킨 미팅을 위해, 방송국 임원이 일본에 도착했다. 마지막 순간에 협상을 도와줄 수 있는 한 파트너를 대동하기로 결정했다. 리셉션 장소에서 두 사람은 조금 긴 시간동안 상대방을 기다렸다. 시간을 활용하기 위해, 가져왔던 업무를 하기 시작했다. 이러한 모습은 일본에서는 긍정적인 느낌을 주지 못한다. 결국 파트너와 만난 후 일본 파트너 사무실로 자리를 옮겨서, 대화를 나누던 도중, 같이 대동한 파트너가 일본 파트너의 성을 뺀 이름만을 부르며 호명하기 시작했고, 자리에 앉았을 때는 파트너의 책상에 두 다리를 꼰 채로 발바닥을 상대방에게 보이게 하였다.

그날 진행된 업무는 하나도 없었고 그 이후 몇 개월 동안 진행된 커뮤니케이션도 없었다. 방송국의 임원은 그 후 전화를 했고 이메일과 팩스를 보냈지만 그때마다 퇴짜를 맞았다. 다시 한번 미팅을 잡기까지 꼬박 일년이 소요됐다. 일본인 파트너가 하고 싶은 얘기는 "첫 번째 미팅에 당신이 동행한 그 자가 없었다면 우리의 비즈니스는 이미 오래전에 이미 시작됐을 것이다"였다. 문화적인 차이는 엄청난 대가를 치룰 수 있다.

키스

프랑스인들은 볼에 두 번 하는 키스로 유명하다. 오른쪽 볼과 오른쪽 볼이 맞닿게 하면 된다. 이런 형태의 인사는, 중세에 기사들이 서로에게 접근하면서 유래된 오랜 역사적인 뿌리를 가지고 있다. 손에 무기가 들려져있지 않다는 사인으로 상대방에게 오른손을 들어 보이며 다가가 볼에 키스를 하는 것이다. 벨기에는 세 번, 심지어는 네 번까지도 한다.

존칭

성을 제외한 이름만으로 호칭을 해야 한다고 가정하지 마라. 성까지 부를 필요가 없다고, 그렇게 해달라는 얘기를 듣기 전까지는 항상 상대방에게 존칭을 사용해야 한다. 그렇게 하기를 허락받았다 하더라도, 특별히, 상대방의 직원이나, 동료, 손님이 있는 자리에서는 존경을 표시하는 차원에서 직위가 높은 임원들은 존칭을 사용한다. 또는 상대방이 호칭을 편하게 불러줄 것을 요구했다 하더라도, 형식을 갖춘 비즈니스 미팅이나 협상 장소에서는 하지 않는다.

국제 비즈니스 매너의 중요한 뉘앙스

- 두 번 심지어는 세 번 정도의 미팅이 진행될 때까지 본격적인 미팅은 진행되지 않을 수도 있다. 당신을 비즈니스 파트너로 받아들일 수 있는가 아닌가를 평가하고 있을 것이다.
- 사전에 의제에 관해 준비하고, 반응과 반대를 예상하여 준비하라.
- 어떤 경우라도 개인의 공간은 존중되야 한다. 개인의 '편안한 공간' 은 가는 곳마다 다르다는 것을 이해하라.
- 세계 어디를 가도 악수는 가장 보편적인 인사 방법이다. 그럼에도

불구하고, 나라마다 다른 악수 방법을 갖고 있다. 프랑스에서는 한 번 또는 두 번을 힘차게 흔든다. 아랍과 남미 국가에서는 힘이 안 들어간 느린 악수를 한다. 독일에서는 거의 독일 병정 같이 힘차게 한번 흔든다. 일본에서는 악수와 허리를 굽히는 악수를 동시에 하는데, 일반적으로 존경의 정도에 따라 15%, 30%, 45%의 각도로 허리를 굽히는 인사를 한다. 더 고위직일수록 허리를 더 굽힌다. 가장 고위직이거나 권위가 있는 사람이라면 보통 45% 각도로 인사를 해 존중을 표시한다.

◉ 신체 접촉, 포옹하기 그리고 끌어안기 역시 나라마다 다를 수 있다. 우리나라에 출장온 외국인 비즈니스 파트너가 그러한 형태의 인사를 한다면, 그렇게 할 수 있도록 도움을 주는 것이 상대방에 대한 존경의 표현이다. 백악관에서 미국의 부시 대통령이 자국임에도 불구하고 상대국의 문화와 전통에 존경을 표하는 차원에서 다른 나라에서 온 인사들의 손을 잡는 것을 사진이나 방송에서 볼 수 있다. 이런 제스처는 겸손하고, 감사하게 생각되며, 존중하는 모습을 보이는 것이고, 궁극적인 목적이기도 한, 관계를 증진하기 위해서 결코 잘못될 리 없다.

◉ 특정한 문화에서의 민감한 사항에 관해 주의하라. 예를 들면, 일본인들은 절대 "아니요"라고 하지 않는다. 일본인들은 세상에서 가장 우아한 문화를 가지고 있고, 상대방을 불쾌하게 하지 않으려 하기 때문에 부정의 단어인 "No"를 사용하지 않는다. 대신, "아마

아직은 아닌 것 같다." 또는 "아마 가능하지 않을지도 모릅니다."
라고 얘기할 것이다. 행간을 읽어야 하고 이러한 것들을 이해하라.

◉ 선물 증정은 국제 비즈니스에서 빠질 수 없는 큰 부분 중 하나이
다. 그 자체가 불쾌감을 유발할 수 있는 선물 포장지의 색상, 불운
을 가져오는 숫자, 매듭 그리고 선물 아이템에 관해 유의하라. 누
구에게, 언제 증정해야 하는지 알아야 하고, 과도한 선물은 하지
않도록 한다.

◉ 제스처, 농담, 속어의 사용, 너무 전문적인 표현은 언어의 장벽을
고려하여 가급적 자제한다.

◉ 파트너 국가 언어로 간단한 인사와 사과, 감사의 표현을 익혀라.
발음에 문제가 있다 하더라도, 많은 노력을 기울였다는 모습을 보
인다. 이러한 노력은 어떤 나라에서건 사람들이 당신에게 호감을
갖게 하는데 역할을 할 것이다. 케네디 대통령이 아내인 재클린을
프랑스에 동반했을 때를 기억하는지? 재클린은 아주 훌륭한 불어
를 사용해 연설을 했다. 프랑스 사람들은 아주 고무되었고 감동했
다.

◉ 미팅과 협상 중 양손은 항상 테이블 위에 올려놓아야 한다. 그렇지
않으면, 신뢰와 프로페셔널리즘이 위태로울 수 있다.

◉ 연회는 국제 비즈니스에서 중요한 에티켓의 한 부분이다. 우아한
연회에 답례할 준비가 돼있어야 한다.

◉ 음식습관은 많은 차이가 있다.

중국 같은 나라에선, 연회장이나 저녁을 먹는 테이블에서 음식을 먹을 때 나는 소음에 잠이 확 달아날 것이다. 음식을 먹는 과정에서 나는 소음은 대단하며, 미국 같은 나라에서 식사 중 두 손을 내려 놓으라고 교육 받지만, 중국에선 항상 편안하게 테이블 위에 있어야 한다. 기근이 일상적이던 역사에서 비롯된 것이다. 중국인들은 생선의 눈알, 내장, 발톱, 희귀한 버섯(정말 맛있다), 닭발(정말 뼈가 많을 텐데)를 포함해, 못 먹는게 없으며 버리는 것이란 존재하지 않는다. 우동을 담은 컵은 입술까지 들어오고 젓가락을 사용해 우동을 거의 갈퀴질을 하듯이 입에 집어넣는 것이 표준이다.

직접 경험을 한 적이 있다. 베이징에 있을 때, 아주 훌륭한 연회에 베이징 시장의 초청을 받아 다른 여러 명의 회사 임원들과 참석한 자리였다. 미국인들은 왼손은 허벅지에 올려놓고 젓가락을 사용해 오른손으로 테이블에 있는 우동을 입으로 날라가며 먹었다. 미국에서 같이 간 일본 파트너와 눈이 마주치자 그는 조용히 중국에서 우동을 적절하게 먹는 시범을 보였다. 그는 왼쪽 팔을 이용해 그릇을 들어 입에 대고 우동을 입으로 가져와 젓가락을 사용해 거의 '삽질' 하듯이 우동을 입에 물고 입술을 사용해 빨아들이고, 삼키는 과정을 보여주었다. 나는 약간 거북했지만, 이것이 새로운 중국의 파트너와 식사를 할 때, 익혀야 하는 방법으로 생각하고 그대로 따라 했다. 10대인 내 아들이 나이 먹은 엄마가 지금 하는 것을 보면 어떨까? 하는 생각을 하면서 말이다.

문화적인 차이는 다른 부분에서도 나타난다. 사진을 찍는 것에서도 볼 수 있다. 많은 중국인들은 사진 찍기를 좋아한다. 특히 서양인들과 찍는 것을 좋아하는 것 같다. 길을 가던 도중 사진을 같이 찍자는 제의를 받아 길을 멈추는 것은 상당히 일반적이다. 하지만 이것은 다른 문화적인 차이를 생각케 했다.

　개인들이 서로 인정해주는 공간은 아주 고귀하다. 사진을 찍을 때라도 마찬가지이다. 단체 사진을 찍기 위해 포즈를 취하던 중, 미국 동료 한사람이 멍청하게 웃음을 지으며 시장과 어깨동무를 했다. 나는 심기가 불편해졌다. 모든 사람이 마찬가지였던 것 같다. 시장은 받아들이긴 했지만 한마디도 하지 않았다. 물론 다른 사람도 말이 없기는 마찬가지였다. 어찌됐건 그 미국인 동료의 이름은 다신 거론되지 않았고, 방문하는 도중 다른 어떤 모임에도 초대되지 않았다. 이건 미국인들이 사전 준비를 하지 않았거나 했음에도 불구하고 얼마나 불필요하게 자신과, 주변 사람을 망가뜨리는지를 보여주는 사례다. 오래된 전통은 결코 쉽게 사라지지 않는다. 외국인들과 만날 때는 자신의 문화적인 관습을 인식하고 다른 나라의 관습을 고려해야 한다.

출장 중 복장

분명 긴 시간을 비행기 또는 기차에서 보낼 준비를 할 것이고, 편하게 여행하길 바랄 것이다. 그래서 평범한 복장을 선호할 것이다. 이해해야 할 것은 평범하고 일상적이라는 표현은 나라마다 개인마다 다른 개념을 의미할 수 있다. 여행 도중 누구를 만날지 아무도 모르기 때문에, 항상 프로다운 옷차림을 해야 한다. 스웨터를 입고 구겨진 진을 입고 있다면 편안할 것이지만, 당신이 표현하고자 하는 프로페셔널한 이미지는 남기지 못한다. 남자건 여자건 비즈니스맨답게 입어야 한다. 시간을 가지고 생각해보라. 당신은 휴가를 즐기러 가는 것이 아니다.

같이 나누고 싶은 경험이 있다. 출장 차 출국하는 비행기의 이코노미 클래스에 도착해 선반에 물건들을 얹기 시작했다. 그런데 루이뷔통 양복 케이스 하나가 선반에 있는 것을 보았다. 개인적으로 루이뷔통 백을 좋아해서 누가 그렇게 잘 차려입고 광을 내는지 주변 여행객들을 둘러보았다. 한 사람을 발견했는데 그와 관련된 모든 것이 100% 우수한 품질이었고 프로다움이었다. 친근한 인사를 건넸고 그의 가죽 케이스에 관한 이야기를 시작했다. "방금 전에 선반에 있는 루이뷔통 여행용 가죽백을 봤는데, 가격을 생각한다면, 다시 한번 생각해 볼 것 같은데요"라고 했다. 그러자 그는 강한 독일식 발음으로 "무엇인가 원한다면, 생각만 해서는 안되지요, 가질 수 있도록 해야지요"라고 했다. 나는 그 신사 옆에 앉아 가벼운 대화를 하기 시작했다. 그도 대화 나누는 것에 대해 전혀 개의치 않은 듯이 보였고, 나도 그런 의도를 알아차렸다.

음료가 서브되는 중에 본격적인 대화 기회를 가졌다. 나는 신사에게 에티켓과 매너에 관한 컨설팅을 하는 사람이라고 알렸다. 그리고 독일 문화에 관해 지도를 좀 받을 수 있다면 고맙겠다는 의향을 조심스럽게 알렸다. 그는 친절했고 적극적이었다. 비행 내내, 그는 독일인들과 비즈니스를 하면서 필요한 독일 문화와 관련된 많은 의견과 작은 뉘앙스들을 알려 주었다. 그 또한 미국 비즈니스 문화와 관련된 의견과 에티켓에 관한 정보가 도움이 될 것이라고 생각해서인지 같이 도움을 받을 수 있는가를 물었다. 물론, 당연히 응해야 했다.

비행기는 목적지에 도착했고 내릴 준비를 하는데, 재밌게도, 아직 그가 어떤 일을 하는지 물어 보지도 않았다는 것을 알았다. 그래서 물었다. "미안합니다. 어떤 일을 하시는지요?" 그는 독일 외교관이라고 한 후 자기 명함을 건넸다. 그는 상당한 직위의 독일 외교관이었다. "일찍 알았어야 했는데……" 우리는 친분을 만들었다. 그는 멋진 사람이었을 뿐만 아니라 미래에 아주 가치 있는 중요한 인맥이 된 것이다. 분명한 것은 내가 청바지에 티셔츠, 헝클어진 머리와 어리숙한 화장을 하고 있었다면 이 신사와 대화를 나누는 것도 이 신사가 제공한 지식을 얻는 것도 가능하지 않았다는 것이다. 미리 취한 준비 덕택에 이 비즈니스 인맥의 문이 열린 것이다.

친절

쉽게 들리겠지만, 여행 도중에는 특별히 친절하라. 긴 여행 시간, 피로 그리고 지연 등은 짜증이 나고 성격을 급하게 만든다. 승무원들은 업무와 책임감으로 인해 엄청난 스트레스를 받는다. 물론 경험들을 해 봤겠지만, 어떤 승무원들은 상당히 잘난 체하며 무례하고, 공격적이며, 교만하기까지 하다. 하지만 그들에게도 친절하라. 특히 비행하는 시간에는 기내 모든 사람들은 항공사 직원들과 기내 승무원들에게 최고의 존중을 보여야 하며, 당신을 위해서 제공되는 어떤 서비스라도, 크건 작건, 감사를 표시해야 한다.

어떤 언어에서건 가장 흔히 사용되는 감사의 표현들은 상황을 진척시키는데 효과적이며, 특히 성난 표정과 짜증스러움이 폭발 직전인 상황일 때 교양있는 정중함을 자극하고 고무시킨다. 긍정적인 태도와 에너지는 주목되고, 결국, 당신이 베푼 것을 다시 돌려받게 된다.

팁

비즈니스 경험이 많은 사람들도 팁에 관해서는 당황할 때가 있다. 팁의 원래 의미는 "조금 더 신속한 서비스를 위해"라는 표현이다. 다시 말하면 좋은 서비스를 받기 위해서 팁은 중요하다. 여행 도중 팁에 관한 에티켓 때문에 당황하는 경우가 생겨, 여행 경험이 없는 사람으로 보여지는 경우가 있다. 경험 많은 여행자로 포장하길 원하는 사람들을 위해, 여기 몇 가지 해야 할 것들과 그러지 말아야 할 것들을 살펴보자. 누구에게, 언제, 얼마의 팁을 줘야하는지에 대한 절대적인 기준은 없다. 주고 싶은 사람에게 편하게 주면 된다. 충분한 봉급을 받고, 팁에 그들의 수입을 의존하지 않는 매니저, 직위가 높은 사람, 레스토랑 업주 같은 이들은 팁을 주면 모욕적으로 느낄 수도 있다. 하지만 기본적으로, 어떤 직업이건 고객에게 서비스를 제공하는 사람은 누구든 팁을 받을 수 있다.

서비스가 안좋다고 적은 팁을 놓는 것은 적당한가?

당연하다. 서비스가 안좋다면 적은 금액을 팁으로 지불한다. 하지만 그럴 경우에 손님은 레스토랑의 매니저나 웨이터에게 직접적으로 적은 팁에 관한 이유를 밝혀야 한다. 아무 이유없이 적은 팁을 놓는 것은 적절하지 않고 레스토랑과 웨이터에게 '정말 짠돌이' 또는 '싸구려' 라는 인상을 줄 수 있다.

바에서 무료로 제공되는 물 한잔을 부탁해 마셨는데도 팁을 놓고 나와야 하는가?

가격이 없는 서비스라 하더라도 바텐더는 다른 음료를 서브하는 것과 마찬가지로 같은 시간과 노력, 관심을 기울여 서비스를 했다. 바의 수입원을 제공하는 바의 의자를 차지하고 앉았다는 사실을 고려해야 한다. 이런 이유들로, 바 의자에 앉아 물 한잔을 부탁했다 하더라도 팁은 주어야 한다.

팁에 관한 몇 가지 사례

- 레스토랑 웨이터에게 주는 팁은 일반적으로 10불에서 20불 가량
- 소믈리에는 와인 가격의 일정한 퍼센트의 금액을 준다. 20%가 적당하다.
- 코트 체크룸 : 코트 당 1~5불 사이의 팁을 준다. 밍크나, 모피류 같이 특별한 물품인 경우는 더 많이 고려해야 한다.
- 공항 수화물 운반인: 2~3불. 이 직원들의 서비스를 잊지 말라. 어쩌면 다시는 당신의 짐을 볼 수 없을지도 모른다.
- 벨맨: 당신 가방에 바퀴가 달렸다면, 당신 스스로 처리하면 된다. 벨맨이 당신의 짐을 다룬다면, 호텔과 가방의 크기, 태도에 따라 가방당 2~5불 가량이 적당하다.
- 도어맨: 호텔 등급과 태도에 따라, 가방 하나에 2~5불이면 된다. 택시를 잡아주는 도어맨에게는, 교통상황, 어려움의 정도 그리고

날씨에 따라 2~5불이면 적당하다. 택시 잡는 것 이상의 서비스를 받았다면, 10불 또는 그 이상을 주어야 한다.

◉ 주차서비스: 2~5불 정도면 된다.

◉ 세탁 서비스: 배달료가 세탁비에 포함돼 있기 때문에 추가적인 팁은 필요 없다.

◉ 룸 서비스: 많은 호텔에서 룸 서비스 봉사료는 음식 값에 의무적으로 포함시킨다. 팁을 따로 줄 필요는 없다.

◉ 컨시어지(고객 편의를 돕는 총괄 서비스 담당자): 컨시어지에게 주는 팁은 지역마다 다르다. 유럽 호텔의 컨시어지들은 주요 수입원을 팁에 의존한다. 반면, 미국 호텔의 컨시어지는 봉급을 받는 직원들이다.

◉ 하우스 키퍼: 하우스 키퍼를 위한 적절한 팁은 하루밤에 2~3 불이면 된다. 주의할 것은, 팁을 방 아무데나 놓아두고 하우스 키퍼가 가져갔겠지 하는 것은 어리석은 생각이다. 호텔 봉투를 이용해 간단한 감사의 표현을 겉봉투에 직접 적어 청소하며 도움을 주었던 하우스 키퍼에게 직접 건넨다. 만약에 직접 하우스 키퍼를 만나지 못한다면, 침대 머리맡에 올려둔다.

◉ 설비유지 직원: 봉급을 받는 직원들이기 때문에 팁을 꼭 줄 필요 없다.

팁에 관한 룰은 나라마다 다르다. 그럴 경우 그 나라에 도착해 팁에 관한 관습을 익히는 것이 좋다. 무엇인가 좀 특별한 사례를 해야 된다고 생각한다면, 담당직원이 보여준 특별한 노력에 대해 감사의 말을 적은 글을 써서 그 직원의 상사에게 전해주면, 진정으로 감사하게 생각할 것이고 직원 평가 때 담당직원에게 긍정적인 결과로 작용할 것이다.

해외 여행 중 실수를 하게 되면 어떻게 해야 할까? 잘못을 발견하는 즉시 사과하라. 그리고 만약 여행하는 방문지가 실수를 했을 때 많은 사과를 해야 하는 고맥락 국가라면, 더 많이 사과하라. 잘못을 인정하라. 진지하게 배우려는 노력과 올바른 에티켓을 익히려 노력한다. 이러한 노력은, 관대한 요소로 평가받고 궁극적으로 당신에 대한 긍정적인 면으로 작용될 것이다.

마지막 도넛은 먹지 마라

초판 1쇄 발행 / 2009년 1월 15일
2쇄 발행 / 2009년 7월 31일

지은이   주디스 바우먼
역자   김인석
펴낸이   이승철
편집   이덕완
디자인   우물이 있는 집

펴낸곳   꿈엔들
등록   2002년 8월 1일 제 10 - 2423호
주소   서울시 마포구 망원 2동 423 - 9 한흥빌딩 4층 (121-232)
대표전화 332 - 4860
팩스   335 - 4860
E-mail   nomadism@hanmail.net

값 10,000원
ISBN 978 - 89 - 90534 - 17 - 0   03320